D1652316

Annette Holl

Lehrerin sein und bleiben wollen

Ratgeber und Workbook für mehr berufliche Fülle

Annette Holl unterrichtet an einer kleinen Grundschule im Schwarzwald die Fächer Sport, Schwimmen und Deutsch. Sie betreut als Kooperationslehrerin die Vorschulkinder und hat Erfahrung mit Kombiklassen gesammelt. Zudem ist sie freiberufliche Autorin und hat zahlreiche Ratgeber und Unterrichtshilfen für Lehrkräfte geschrieben.

Wir verwenden in unseren Werken eine genderneutrale Sprache, damit sich alle gleichermaßen angesprochen fühlen. Wenn keine neutrale Formulierung möglich ist, nennen wir die weibliche und die männliche Form. In Fällen, in denen wir aufgrund einer besseren Lesbarkeit nur ein Geschlecht nennen können, achten wir darauf, den unterschiedlichen Geschlechtsidentitäten gleichermaßen gerecht zu werden.

In diesem Werk sind nach dem MarkenG geschützte Marken und sonstige Kennzeichen für eine bessere Lesbarkeit nicht besonders kenntlich gemacht. Es kann also aus dem Fehlen eines entsprechenden Hinweises nicht geschlossen werden, dass es sich um einen freien Warennamen handelt.

1. Auflage 2024
© 2024 PERSEN Verlag, Hamburg

AAP Lehrerwelt GmbH
Veritaskai 3
21079 Hamburg
Telefon: +49 (0) 40325083-040
E-Mail: info@lehrerwelt.de
Geschäftsführung: Andrea Fischer, Sandra Saghbazarian
USt-ID: DE 173 77 61 42
Register: AG Hamburg HRB/126335
Alle Rechte vorbehalten.

Das Werk als Ganzes sowie in seinen Teilen unterliegt dem deutschen Urheberrecht. Die Erwerbenden einer Einzellizenz des Werkes sind berechtigt, das Werk als Ganzes oder in seinen Teilen für den eigenen Gebrauch und den Einsatz im eigenen Präsenz- wie auch dem Distanzunterricht zu nutzen. Produkte, die aufgrund ihres Bestimmungszweckes zur Vervielfältigung und Weitergabe zu Unterrichtszwecken gedacht sind (insbesondere Kopiervorlagen und Arbeitsblätter), dürfen zu Unterrichtszwecken vervielfältigt und weitergegeben werden.

Die Nutzung ist nur für den genannten Zweck gestattet, nicht jedoch für einen schulweiten Einsatz und Gebrauch, für die Weiterleitung an Dritte einschließlich weiterer Lehrkräfte, für die Veröffentlichung im Internet oder in (Schul-)Intranets oder einen weiteren kommerziellen Gebrauch. Mit dem Kauf einer Schullizenz ist die Schule berechtigt, die Inhalte durch alle Lehrkräfte des Kollegiums der erwerbenden Schule sowie durch die Schülerinnen und Schüler der Schule und deren Eltern zu nutzen.

Nicht erlaubt ist die Weiterleitung der Inhalte an Lehrkräfte, Schülerinnen und Schüler, Eltern, andere Personen, soziale Netzwerke, Downloaddienste oder Ähnliches außerhalb der eigenen Schule.
Eine über den genannten Zweck hinausgehende Nutzung bedarf in jedem Fall der vorherigen schriftlichen Zustimmung des Verlags. Sind Internetadressen in diesem Werk angegeben, wurden diese vom Verlag sorgfältig geprüft. Da wir auf die externen Seiten weder inhaltliche noch gestalterische Einflussmöglichkeiten haben, können wir nicht garantieren, dass die Inhalte zu einem späteren Zeitpunkt noch dieselben sind wie zum Zeitpunkt der Drucklegung. Der PERSEN Verlag übernimmt deshalb keine Gewähr für die Aktualität und den Inhalt dieser Internetseiten oder solcher, die mit ihnen verlinkt sind, und schließt jegliche Haftung aus.

Die automatisierte Analyse des Werkes, um daraus Informationen insbesondere über Muster, Trends und Korrelationen gemäß § 44b UrhG („Text und Data Mining") zu gewinnen, ist untersagt.

Autorschaft:	Annette Holl
Covergestaltung:	Annette Gassner
Illustrationen:	Katharina Reichert-Scarborough (Hauptillustratorin), Bartosz Jung (Vogel), Manuela Ostadal (Waage), Heike Heimrich (Rahmen mit Blättern), a close up of a cheetah's face on a pink background with a black and white line drawing of a lion cub's face on it's left side © Nadia via Adobe Stock (stock.adobe.com)
Satz:	Satzpunkt Ursula Ewert GmbH, Bayreuth
Druck und Bindung:	bookSolutions Vertriebs GmbH, Göttingen

ISBN/Bestellnummer: 978-3-403-21191-4
www.persen.de

Inhaltsverzeichnis

Einführende Worte 4

    Und das muss ich jetzt noch bis zur Pension machen? 4

Bestandsaufnahme 7

    Rollen & Anforderungen einer Lehrkraft 7

Potenziale 17

    Die eigenen Potenziale erkennen 17
    Exkurs: Die unterschiedlichen Lehrkrafttypen 24
    Die eigenen Potenziale entfalten 34

Freiräume 58

    Die eigenen Freiräume wahrnehmen 58
    Eigene Freiräume schaffen 71
    Exkurs: Meine Antreiber 105
    Die eigenen Freiräume bewahren 109

Resilienz 124

Die Sache mit dem Glück 139

Literatur- und Linkverzeichnis 146

Einführende Worte

Und das muss ich jetzt noch bis zur Pension machen?

In fast 20 Dienstjahren an drei Schulen hatte ich es mit fünf Schulleitungen und einer Vielzahl an Kindern, jedes für sich einzigartig, zu tun. Nicht alle meine Pläne und Ziele, die ich als hoch motivierte Berufsanfängerin hatte, habe ich in Gänze erreicht. Teilweise hat sich Ernüchterung eingeschlichen, weil manches nicht funktioniert, teilweise die Erkenntnis, dass manches nicht zielführend ist, teilweise Demotivation, weil ich manche Schülerin und/oder Schüler nicht ausreichend fördern konnte, oder auch Frust, weil ich mit Vorurteilen gegenüber meinem Beruf zu kämpfen habe. Dennoch bin ich weiterhin mit großer Freude Lehrerin.

Allerdings geht es nicht allen Lehrerinnen und Lehrern so, wie eine aktuelle Erhebung des Kultusministeriums in Nordrhein-Westfalen vom März 2023 zeigt. Demnach führen eine steigende Anzahl an Schülerinnen und Schülern, die zudem immer heterogener werden, ein anstrengendes Kollegium, die eigene hohe Anspruchshaltung sowie die Erwartungen von Eltern und Vorgaben der Politik dazu, dass Lehrkräfte sich einer hohen Arbeitsbelastung ausgesetzt fühlen, unter hohem Druck stehen und mit Depressionen, Erschöpfung sowie Burn-outs zu kämpfen haben. In letzter Konsequenz quittieren immer mehr Lehrkräfte sogar den Schuldienst. So hat sich die Zahl der Kündigungen in den letzten zehn Jahren verdreifacht und sogar verbeamtete Lehrkräfte kündigen. Das ist sehr schade!

Mit diesem Ratgeber/Workbook möchte ich Lehrkräften, die schon länger im Job sind, einen Motivationsschub geben. Gleichermaßen möchte ich damit auch Lehrkräfte erreichen, die noch ganz am Anfang ihres Berufslebens stehen. Ich möchte zeigen, wie wundervoll der Lehrkräfteberuf ist, wenn man dessen Vorzüge, wie beispielsweise die flexible Arbeitszeit am Nachmittag und an den unterrichtsfreien Tagen, erkennt. Ich möchte Ihnen, liebe Leserin, bewusst machen, wie viel Freiheit im vorgegebenen Rahmen steckt.

Einführende Worte

Ich gebe Ratschläge und konkrete Tipps, wie Sie Ihre eigenen Potenziale erkennen und nutzen können, um in der aktuellen Situation gelassener und ressourcensparender zu agieren und dennoch qualitativ guten Unterricht und gelungene Elternarbeit machen zu können, aber darüber hinaus sich selbst als Mensch nicht zu vergessen.

Der Ratgeber mit Workbook-Charakter soll Ihnen Rüstzeug an die Hand geben, mit dem Sie es ganz bestimmt schaffen werden, für einen gelungenen Ausgleich und eine gesunde Verknüpfung zwischen Ihrem Schul- und Ihrem Privatleben zu sorgen, um dann in beiden Bereichen gestärkter und zufriedener zu sein.

An vielen Stellen erhalten Sie Fachwissen, das ich aus Artikeln sowie Studien und aus Posts auf Social Media zusammengetragen habe. In mehreren Infokästen gebe ich Definitionen und Erklärungen zu wichtigen Begriffen oder Themen im Zusammenhang mit der Gesundheit und Zufriedenheit von Lehrkräften. Viele Tipps sind von meinen eigenen Erfahrungen als Lehrkraft geprägt und Sie erhalten an einigen Stellen persönliche Einblicke in mein Lehrerinnenleben. Zudem beschäftigte ich mich während und nach einer persönlichen Herausforderung durch eine Krebserkrankung intensiv mit Themen wie einem positiven Mindset, der Resilienz und mentaler Stärke. Meine Erkenntnisse, die ich daraus für mich und mein weiteres (Berufs-)Leben zog, sind an vielen Stellen in diesen Ratgeber eingeflossen.

Neben meinen Recherchen habe ich mich im Rahmen einer Miniumfrage in den Austausch mit mehr als 20 Lehrkräften begeben.
Sie haben mir für diesen Ratgeber bereitwillig zehn neugierige Fragen zu ihrer persönlichen Berufszufriedenheit beantwortet.

Einführende Worte

Im Text werden Sie an einigen Stellen auf Zitate stoßen und somit Einblick in die Gefühls- und Gedankenwelt anderer Lehrkräfte erhalten. Das kann sehr wohltuend sein, denn: Sie sind mit Ihren Sorgen und Zweifeln, die Sie zeitweise haben könnten, nicht allein. Ich habe den Zitaten andere Namen und Daten zugeordnet und sie im Wortlaut meinem Schreibstil angepasst. Somit werden sich wahrscheinlich teilweise nicht einmal die Personen selbst in einem Zitat wiedererkennen.

An einigen Stellen hat das Buch Workbook-Charakter und Sie werden zum ehrlichen Nachdenken über Ihre eigene Situation oder zum konkreten Aufschreiben aufgefordert. Auch wenn manches vielleicht nicht einfach ist oder Sie etwas Überwindung kosten wird: Packen Sie es an. Ihre Schülerinnen und Schüler, Ihre Partnerin oder Ihr Partner und nicht zuletzt Ihre Gesundheit und Ihre Seele werden es Ihnen danken.

In dieses Buchprojekt, das für mich ein wahres Herzensprojekt ist, konnte ich die Energie meiner drei beruflichen Ichs – Lehrkraft, Autorin, Bloggerin – zusammenführen. Mir selbst ist beim Schreiben immer wieder bewusst geworden, welches Glück ich doch habe, den wundervollen Beruf einer Lehrerin ausüben zu dürfen.

Ich hoffe, dass meine Begeisterung auf Sie überschwappt und Sie mutig und neugierig wie eine Löwin vorangehen und Neues wagen. Ich wünsche Ihnen, dass Sie nach der Lektüre und dem Ausprobieren der Tools zufriedener und gelassener auf die Anforderungen im Lehrerinnenberuf schauen können. Ich wünsche Ihnen viele körperlich gesunde und mental starke Schuljahre.

Ihre *Annette Holl*

Rollen & Anforderungen einer Lehrkraft

> Was eine Lehrkraft sagt …
>
> *Der Druck von allen Seiten, die Erwartungen und die Unzufriedenheit, gepaart mit der schulischen Herausforderung ist teilweise grenzwertig. Ständig werden neue Ideen, Vorschriften und Modelle von oben aufgedrückt. So macht mir Schule oft keinen Spaß mehr.*
>
> Lehrkraft, 38 Jahre alt, 15 Dienstjahre

Das Stichwort *Lehrergesundheit* nimmt immer mehr Raum in den Medien ein. Auf dem Buchmarkt tauchen vermehrt Ratgeber dazu auf. Themen wie *Zufriedenheit*, *Burn-out*, *Stresslevel* und *Arbeitsbelastung* werden im Lehrerzimmer diskutiert. Aber: Sind wirklich so viele Lehrkräfte so unzufrieden in Ihrem Job? Um der Sache ein wenig auf den Grund zu gehen, machte ich eine Miniumfrage unter Kolleginnen und Kollegen. Die Antworten sind selbstverständlich nicht repräsentativ. Dennoch waren sie sehr erhellend für mich. Einerseits zeichneten sie ein positives Bild vom Lehrerinnenjob. Andererseits spiegelte sich in einigen Antworten auch der mit den Jahren gestiegene Leidensdruck von Lehrkräften wider, der mich in der Notwendigkeit zum Verfassen des vorliegenden Ratgebers mit Workbook-Charakter bestärkte.

Ich empfehle Ihnen, liebe Leserin oder lieber Leser, sich ein bisschen Zeit und einen Stift zu nehmen, bevor Sie sich in den Ratgeber vertiefen. Beantworten Sie für sich die folgenden Fragen, die ich auch meinen Kolleginnen und Kollegen gestellt habe. Dadurch erhalten Sie Ihr persönliches Stimmungsbild und erkennen den Grad Ihrer Zufriedenheit, was Ihre derzeitige berufliche Situation betrifft.

Bestandsaufnahme

- Diese Momente in der Schule machen mich glücklich:

- Diese Vorurteile Lehrkräften gegenüber stören mich am meisten:

- Ich habe das Gefühl, meine Potenziale und das, was ich gerne mache, was ich gut mache, was mich begeistert, in meinem Beruf ausleben zu können:
  - ☐ Ja.   ☐ Nein.

- Ich gerate in stressigen Schuljahresphasen in eine ungute Stimmung:
  - ☐ Ja.   ☐ Nein.

- Wenn ja, habe ich Tools für mich, um Kraft zu tanken:
  - ☐ Ja.   ☐ Nein.

- Wenn ja, welche sind das?

Bestandsaufnahme

- Diese Freiräume, die mir der Beruf als Lehrkraft bietet, schätze ich:

- Wenn ich mich jetzt mit mir als Berufsanfängerin oder Berufsanfänger vergleiche: Diese Ziele in Bezug auf meinen Unterricht und den Umgang mit meinen Schülerinnen und Schülern habe ich heute noch:

- Das ist mir weniger wichtig / ganz unwichtig geworden und warum:

- Das braucht es meiner Meinung nach, damit ich als Lehrkraft bis zur Pension möglichst gesund und zufrieden bleibe:

Bestandsaufnahme

- Ich wollte meinen Job schon mal hinwerfen?
  ☐ Ja.   ☐ Nein.

- Wenn ja, warum?

  ....
  ....
  ....
  ....

- Und warum habe ich es nicht getan?

  ....
  ....
  ....
  ....

- Ganz spontan: Drei Tipps an junge Lehrkräfte:

  ....
  ....
  ....
  ....

- Bitte vervollständige den Satz: Lehrkraft zu sein, ist wundervoll, weil …

  ....
  ....
  ....

Bestandsaufnahme

- Diese Freiräume, die mir der Beruf als Lehrkraft bietet, schätze ich:

- Wenn ich mich jetzt mit mir als Berufsanfängerin oder Berufsanfänger vergleiche: Diese Ziele in Bezug auf meinen Unterricht und den Umgang mit meinen Schülerinnen und Schülern habe ich heute noch:

- Das ist mir weniger wichtig / ganz unwichtig geworden und warum:

- Das braucht es meiner Meinung nach, damit ich als Lehrkraft bis zur Pension möglichst gesund und zufrieden bleibe:

Bestandsaufnahme

- Ich wollte meinen Job schon mal hinwerfen?
  ☐ Ja.   ☐ Nein.

- Wenn ja, warum?

  ....
  ....
  ....
  ....

- Und warum habe ich es nicht getan?

  ....
  ....
  ....
  ....

- Ganz spontan: Drei Tipps an junge Lehrkräfte:

  ....
  ....
  ....
  ....

- Bitte vervollständige den Satz: Lehrkraft zu sein, ist wundervoll, weil …

  ....
  ....
  ....

Bestandsaufnahme

Ein Tag im Leben von Susanne Meier, Grundschullehrerin:

Montagmorgen, 7:45 Uhr irgendwo in Deutschland. Frau Meier stellt ihr Auto auf dem Schulparkplatz ab. Sie rennt über den Pausenhof. Der Abschied von ihrer jüngsten Tochter in der Kita hat heute etwas länger gedauert. Sie muss vor dem Unterricht noch ein Arbeitsblatt kopieren. Das ursprünglich geplante hatte ihr gestern Abend doch nicht mehr so gut gefallen und sie hatte es noch mal überarbeitet, als die Kinder im Bett lagen. Puh, sie hat Glück, keine Kollegin zu sehen, der Kopierer gehört ihr.

Pünktlich um 8:05 Uhr steht sie vor der Klasse und steigt mit einem flotten Bewegungsrap in den Unterricht ein. Auch wenn sie selbst erschöpft ist, weiß sie doch um die Bedeutung der Bewegung für das Lernen.

In der großen Pause spurtet sie zum Lehrerzimmer. Dort wird sie von einem Kollegen direkt mit „Also Susanne, ich habe mir da Folgendes für den Wandertag überlegt. (...) Was hältst du davon ..." begrüßt. Als es klingelt, bemerkt sie, dass sie nicht mal etwas gegessen hat. Nun denn, schnell noch einen Schluck Wasser trinken und dann ab zur nächsten Stunde. Anders als die ersten drei, läuft diese katastrophal. Was ist denn heute nur mit dieser Klasse los? Völlig entnervt will Frau Meier nur schnell ihre Schultasche im Lehrerzimmer holen und dann nach Hause fahren. Allerdings kommt ihr auf dem Flur ihre Schulleiterin entgegen und bittet sie, ganz kurzfristig noch eine Vertretungsstunde zu übernehmen, weil eine Kollegin sich krankgemeldet hat. Nun denn, da will ich mal nicht so sein, denkt sie und dreht wieder um.

Allerdings muss sie dann nach Schulschluss in Höchstgeschwindigkeit zur Kita brausen, um die Abholzeit einhalten zu können.

Zu Hause kocht sie erst mal Mittagessen und setzt sich dann gemeinsam mit den Kindern, die mittlerweile aus der Schule zurück sind, an den Tisch. Endlich etwas essen!, denkt sie, als sie eine Sprachnachricht erhält. Die aufgeregte Mutter eines Schülers bittet um einen Rückruf. Das erledigt sie gleich, nachdem sie die Küche aufgeräumt hat. Sie vereinbart ein Elterngespräch für den nächsten Tag. Dann macht sie sich erst mal ans Aufräumen der Küche, die

Bestandsaufnahme

Wäsche, hilft der Jüngsten beim Zimmeraufräumen und kontrolliert die Hausaufgaben ihrer zwei Großen.

Als die Großen dann nach der Fahrt im Mamataxi auf dem Sportplatz und in der Musikschule sind und die Jüngste sich mit dem Papa zum Spielen ins Kinderzimmer verzogen hat, setzt Frau Meier sich an ihren Schreibtisch im Arbeitszimmer, um sich noch an den Feinschliff für ihren morgigen Unterricht zu machen.

Nach dem Abendessen schnappt sie zum zweiten Mal an diesem Tag ihre Schultasche, denn heute ist Elternabend in ihrer Klasse.

Danach fährt sie noch für ein Dreiviertelstunde ins Fitnessstudio. Das hat zum Glück seit Neuestem bis 23 Uhr geöffnet. Beim Training unterhält sie sich mit ihrer Freundin: „Weißt du, Sport ist ja so wichtig als Ausgleich. Und auf meine Work-Life-Balance achte ich ja schon sehr bewusst."

Ganz bestimmt sieht nicht jeder Tag in Susanne Meiers Leben so aus. Sicherlich ist auch nicht jede Lehrkraft Mutter oder Vater. Natürlich findet nicht täglich ein Elternabend statt. Aber: Höchstwahrscheinlich kennen auch Sie solche prall gefüllten Tage, an denen Sie unter Dauerbeschuss stehen.

Ich möchte Sie einladen, sich im Folgenden Ihrer unterschiedlichen Rollen noch differenzierter bewusst zu werden, zwischen denen Sie im Laufe eines Tages hin- und herswitchen und die Sie mit den unterschiedlichsten Anforderungen und Aufgaben konfrontieren und Sie fordern.

 Lehrkraft, Beraterin, Mutter, Partner und Co.: Wer sind Sie eigentlich?

Keine Lehrkraft fungiert ausschließlich als Wissensvermittlerin. Sie trägt die Verantwortung für eine außerordentlich breite Palette an Aufgaben. So betätigen Sie sich phasenweise als Sozialarbeiter, Gebäudeinstandhalterin und Techniksupporter, agieren als Raumausstatterin, putzen Nasen, trocknen Tränen oder kochen Kaffee. Vieles davon läuft im Verborgenen ab, wird einfach vorausgesetzt und nicht speziell erwähnt. An dieser Stelle dürfen Sie sich voller

Stolz auf Ihre Schulter klopfen: Ihrem täglichen Einsatz, der über das Lernen im Klassenraum hinausgeht und Ihnen vieles abverlangt, gebührt vollster Respekt! Ohne Sie würden Ihre Schülerinnen und Schüler weniger wissen, weniger lernen und sicherlich auch weniger lachen.

„Ich bin Frau Meier" – Lehrkraft

Die Kernaufgaben Ihres Jobs sind lehrende Tätigkeiten, also das Planen, Halten und Nachbereiten von Unterricht: Unterrichtsmaterial recherchieren, sichten, kopieren, laminieren, zuschneiden, im Klassenraum bereitlegen, Arbeitsblätter einsammeln, korrigieren usw. Ein weiterer großer Aufgabenbereich ist die gezielte Förderung Ihrer Schülerinnen und Schüler: beobachten, (niveaudifferenzierte) Zusatzmaterialien erstellen, bereithalten usw., die Beurteilung und Bewertung, Klassenarbeiten erstellen, kopieren, korrigieren, Reflexionsbögen austeilen, besprechen, Zeugnisse schreiben usw. Pausen- und Busaufsichten sind obligatorische Pflichten und Aufgaben einer jeden Lehrkraft. Darüber hinaus kommen vielfältige organisatorische Aufgaben wie das Führen des Klassenbuches, das Abheften von Entschuldigungen, das Instandhalten der Tablets in Ihrer Klasse, das Einsammeln von Rückmeldezetteln, Zeugnissen oder dem Geld für den Klassenausflug oder auch die Überprüfung der Impfbücher wegen der verpflichtenden Masernimpfung hinzu. Nicht zuletzt fallen Aufgaben, wie das Versorgen von kleineren Wunden, das Aufwischen von Erbrochenem, das Schuhzubinden, Trösten und Streitschlichten oder nicht selten auch mal eine in der Turnhalle vergessene Hose zu suchen, an. Auch die Planung und Durchführung von Ausflügen, das Buchen von Unterkünften, Eintrittstickets kaufen, Raumbelegungen, Essenspläne usw. oder das Proben für Theateraufführungen, inklusive des Bestuhlens der Veranstaltungsräume, und Betreuung der Klasse bei der Fahrradprüfung, dem Bibliotheksbesuch oder anderen außerschulischen Lerngängen gehören zu Ihren Aufgaben. Zu guter Letzt sind Sie damit beschäftigt, Dinge zu beschaffen und selbst zu bezahlen, die Sie zur Ausübung Ihres Berufes benötigen: Terminplaner, Schreibwaren, kleinere Mitgebsel für die Geburtstagskiste im Klassenzimmer sowie pädagogische Ratgeber und Unterrichtsmaterial o. Ä.

Bestandsaufnahme

 Aus dem Nähkästchen geplaudert …

Ihre Weiterbildung durch Fortbildungen oder das Lesen von pädagogischen Fachzeitschriften liegt in Ihrer Eigenverantwortung, um sich professionell auf dem neuesten Stand zu halten. Das geschieht häufig am Nachmittag, also in der unterrichtsfreien Zeit. Meist rasen die Lehrkräfte an solchen Tagen aus der Schule, essen auf der Fahrt zur Veranstaltung einen Happen und holen dann am Abend die liegen gebliebene Unterrichtsvorbereitung und die privaten Dinge, die untertags nicht geschafft wurden, nach.

Das muss nicht zwingend sein! Vielleicht können Sie im Kollegium anregen, dass Lehrkräfte, die auf Fortbildungen gehen, an diesen Tagen eine Stunde früher nach Hause gehen dürfen. Das wäre zum einen eine kleine Anerkennung ihrer freiwilligen Leistung und zum anderen die Möglichkeit einer kurzen Pause zwischen Schulende und Veranstaltungsbeginn. Beides sorgt für mehr Zufriedenheit.

◆ „Ich bin die Lehrkraft Ihres Kindes" – Elternberatung

Im Rahmen dieser Funktion gilt es, Elternbriefe zu verfassen, Klassenlisten mit Telefonnummern, E-Mail-Adressen zu führen und auf dem neuesten Stand zu halten. Zudem werden Sie wahrscheinlich mehrmals die Woche via E-Mail und/oder Schul-App oder Hausaufgabenheft Kontakt mit den Eltern haben, um kurzfristig Dinge zu klären, Absprachen zu treffen oder Rückmeldungen zum Unterricht zu geben oder auf deren Fragen zu antworten. Der wichtigste Part ist es, Elternsprechtage vorzubereiten und Elterngespräche zu führen, die Sie vorbereiten und protokollieren. Manchmal müssen Sie zudem noch Absprachen im Kollegium und/oder mit der Schulleitung treffen, z. B. in Bezug auf ein Beratungsverfahren Klasse 4.

Bestandsaufnahme

 „Ich bin die Susanne" – Kollegin

Als Teil des Kollegiums nehmen Sie an Konferenzen teil, planen mitunter gemeinsam Projekte, Schulfeste oder Unterricht. Zudem bedarf es immer wieder des Austauschs und Gesprächs mit einer Kollegin / einem Kollegen über Schülerinnen und Schüler, die Sie beide unterrichten. Auch gemeinsame Elterngespräche stehen immer wieder auf der Tagesordnung. Außerdem fallen organisatorische Aufgaben an, wie z. B. Schulbuchbestellungen, die Leitung einer Fachschaft, das Ausüben eines speziellen Amtes, wie z. B. der/des Schwerbehindertenbeauftragten oder Verantwortlichen für das Erstellen und Betreuen der Schulhomepage.

 „Ich bin dann mal weg" – die Privatperson

Der Beruf einer Lehrkraft endet nicht beim Verlassen der Schule, sondern findet im heimischen Arbeitszimmer seine Fortsetzung. Da Sie *eigentlich immer noch etwas vorbereiten könnten*, ist es wichtig, darauf zu achten, sich selbst als Privatperson nicht zu vergessen. Erlauben Sie sich daher, eine Grenzlinie zwischen Ihrem Lehrkraft-Alter-Ego und Ihren anderen Rollen zu ziehen. Denn neben Ihrem Beruf als Lehrkraft sind Sie Ehefrau oder Ehemann, Mutter oder Vater, Partnerin oder Partner, Sohn oder Tochter, Oma oder Opa und Freundin oder Freund.

Bei allem Respekt vor Ihrem Einsatz und Engagement für Ihre Klasse, das Kollegium und die Schule: Auch die vielfältigen To-dos, die Ihr Privatleben mit sich bringt, müssen hier Erwähnung finden: erziehen, einkaufen, Haushalt führen, putzen, Arzttermine wahrnehmen, Haustiere versorgen, Gartenarbeit, Urlaube und Freizeitaktivitäten, Hobbys und Freundschaften pflegen.

Es bleibt Susanne Meier, der Lehrkraft im Beispiel, zu wünschen, dass sie ihr volles Tagespensum mit seinen vielfältigen Aufgaben bei stabiler Gesundheit und mentaler Zufriedenheit bis zur Pensionierung leisten kann.

Bestandsaufnahme

Wie viel arbeiten Lehrkräfte eigentlich?

Die Kooperationsstelle Hochschulen und Gewerkschaften der Universität Göttingen führte drei Studien zur Arbeitszeit und -belastung von Lehrkräften durch.

Demnach arbeitet eine Lehrkraft während der Schulzeit durchschnittlich 46 Stunden und 38 Minuten und in den Ferien zwischen 9,7 und 18,8 Stunden pro Woche.[1] Der Bildungsexperte Mark Rackles spricht in seiner Expertise zur Lehrerarbeitszeit sogar von 50 Wochenarbeitsstunden.[2] Im Vergleich zu einer durchschnittlichen Arbeitszeit einer Arbeitnehmerin / eines Arbeitnehmers von 38-40 Stunden wären das wöchentlich fast vier Überstunden.

---

[1] https://kooperationsstelle.uni-goettingen.de/projekte/arbeitszeitstudie, 30.03.2024, 12:12 Uhr.
[2] https://deutsches-schulportal.de/bildungswesen/mark-rackles-studie-telekom-stiftung-wie-ein-neues-arbeitszeitmodell-aussehen-kann/, 30.03.2024, 12:13 Uhr.

Potenziale

Die eigenen Potenziale erkennen

> Das sagt eine Lehrkraft …
> *Ich wecke gerne Interesse für neue Themen und möchte den Kindern fürs Leben mitgeben, dass Lernen Spaß macht und man ein Leben lang lernt.*
> Lehrerin, 36 Jahre, zwölf Jahre im Schuldienst

Sie haben sicher auch Ihre ganz persönlichen Gründe, warum Sie den Beruf der Lehrkraft gewählt haben. Doch vielleicht bemerken Sie immer wieder mal, dass manches von dem, was Sie sich vorgenommen haben, nicht so funktioniert wie erhofft. Vielleicht verwenden Sie manche Rituale oder Methoden in Ihrem Unterricht, weil Sie es damals im Studium oder Referendariat eben so gelernt haben oder sie Ihnen in der aktuellen Bildungsdiskussion als das Nonplusultra präsentiert werden, aber Sie haben das Gefühl, dass sie nicht so recht zu Ihnen passen. Und nicht zuletzt möchten Sie vielleicht schon längst das ein oder andere Unterrichtstool mal ausprobieren, trauen sich aber bisher nicht richtig.

Nutzen Sie das folgende Kapitel, um sich mit Ihren ganz eigenen Potenzialen zu beschäftigen. Finden Sie heraus, worin Sie besonders gut sind, was Ihnen besonders Spaß macht. Und umgekehrt auch: Was nicht? Überlegen Sie dann, wie Sie Ihre eigenen Potenziale noch mehr entfalten und sich mit Ihrer persönlichen Note im Kollegium positionieren können, ohne die Kolleginnen oder Kollegen vor den Kopf zu stoßen.

Nutzen Sie die folgenden Fragen für eine Nabelschau mit sich selbst: Was kennzeichnet Sie als Lehrkraft? Wo liegen Ihre Stärken im Umgang mit Schülerinnen und Schülern? Wie gelingt Ihnen der Umgang mit Problemklassen, anspruchsvollen Schulkindern und/oder (deren) Eltern? Was sind Ihre Stressoren?

Potenziale erkennen

Gleich vorweg: Sie erhalten im Anschluss keine Aus- oder gar Bewertung. Schließlich lässt sich eine Persönlichkeit nicht aus- oder bewerten. An dieser Stelle sollen Sie zunächst wertfrei den Ist-Zustand Ihrer Lehrkraftpersönlichkeit erkennen.

Wenn es um Schule und Unterricht geht …

- Ohne lange zu überlegen: Das kann ich gut:

- Das kann ich weniger gut:

- Das ist mein *Steckenpferd*, meine Spezialität:

- Dafür habe ich im schulischen Rahmen schon mal ein Kompliment bekommen:

Potenziale erkennen

🕊 In diesen Bereichen fühle ich mich sicher:

....
....
....
....

🕊 In diesen Bereichen fühle ich mich ratlos und könnte Unterstützung gebrauchen:

....
....
....
....

🕊 Diese Fächer und/oder Aufgaben übernehme ich ungern:

....
....
....
....

🕊 Das musste ich unverhofft, z. B. aufgrund einer Vertretungssituation, schon einmal unterrichten/übernehmen und wider Erwarten machte es mir Spaß und/oder ging mir sehr gut von der Hand:

....
....
....
....

Potenziale erkennen

🐚 Darüber bin ich in Bezug auf meine pädagogische Leistung immer wieder frustriert:

....

....

....

Wenn es um meine Schülerinnen und Schüler geht …

🐚 Diese Kennzeichen hat eine Traumklasse für mich:
- ☐ fleißig, gut erzogen, ruhig
- ☐ humorvoll, interessiert, nett
- ☐ neugierig, verantwortungsbewusst, freundlich

🐚 Gibt es im aktuellen Schuljahr bestimmte Lerngruppen/Klassen(stufen), die mich besonders anstrengen?
- ☐ Ja.   ☐ Nein.

🐚 Wenn ja, daran könnte es liegen:

....

....

....

🐚 So gehe ich für gewöhnlich mit kleineren Regelverstößen um, z. B. Nebengespräche, Hineinrufen, freche Kommentare:
- ☐ Ich setze auf Nichtbeachtung oder Blickkontakt.
- ☐ Ich gehe konsequent mit mündlichen Ermahnungen, Strafarbeiten, ggf. auch einer Nachricht an die Eltern dagegen vor.
- ☐ Ich versuche es mit einem lockeren Spruch, wie z. B. *Ich merke, dass du viel zu sagen hast. Magst du das nicht vor der Klasse machen?*

Potenziale erkennen

- Dieses Verhalten von Schülerinnen und Schülern bringt mich an meine Grenzen:
    - [ ] herumkaspern, große Unruhe, aggressives Verhalten
    - [ ] freche Bemerkungen, Kritik an mir oder dem Unterricht
    - [ ] lügen, Mobbing

Wenn es um meine Kollegen und Kolleginnen geht …

- Dafür habe ich von Kollegen, Kolleginnen oder der Schulleitung schon mal ein Kompliment bekommen:

  ....

  ....

  ....

- Ich bewundere andere Kollegen oder Kolleginnen:
    - [ ] Ja.   [ ] Nein.

- Wenn nein, woran liegt das?

  ....

  ....

  ....

- Wenn ja, diese Kollegen oder Kolleginnen bewundere ich und das sind die Gründe:

  ....

  ....

  ....

  ....

Potenziale erkennen

- So reagiere ich, wenn eine Kollegin oder ein Kollege mich im Lehrerzimmer um Rat fragt:
  - ☐ Ich sichere meine Hilfe zu und vereinbare einen Zeitpunkt für ein Telefonat/Gespräch am Nachmittag/Abend.
  - ☐ Ich lasse alles stehen und liegen, bin sofort für ein Gespräch zu haben oder suche zu Hause nach dem gewünschten Unterrichtsmaterial, Formular o. Ä.
  - ☐ Ich sage, dass sie/er doch bitte jemand anders fragen oder im Internet recherchieren soll.
  - ☐ Mich fragt nie jemand.

- Fühle ich mich im Kollegium wertgeschätzt?
  - ☐ Ja.   ☐ Nein.

  Das erkenne ich daran:

  ....
  ....
  ....
  ....
  ....

Wenn es um meine Work-Life-Balance geht …

- Das bringt mich während der Unterrichtswochen unter Stress:

  ....
  ....
  ....
  ....

Potenziale erkennen

- Belasten mich Konflikte mit Eltern, im Kollegium, mit Schülerinnen und Schülern auch nach Feierabend oder in unterrichtsfreien Zeiten?

  ☐ Ja.   ☐ Nein.

- Kann ich nach Schulschluss und abgeschlossener Unterrichtsvorbereitung leicht abschalten?

  ☐ Ja, nicht sofort, aber es funktioniert.
  ☐ Nein, es dauert lange oder klappt gar nicht.

- In anstrengenden Phasen, z. B. vor Ferienabschnitten, wenn in einer Schulwoche noch Elterngespräche oder eine Konferenz anstehen, am Schuljahresende, passiert es mir, dass …

  ☐ ich zu wenig / schlecht schlafe.
  ☐ ich mich wenig bewege.
  ☐ ich vermehrt Süßigkeiten esse.
  ☐ ich meine Hobbys vernachlässige.
  ☐ ich Mahlzeiten ausfallen lasse.
  ☐ ich zu wenig trinke.

Exkurs: Die unterschiedlichen Lehrkrafttypen

Es steht außer Frage, dass jede Lehrkraft anders ist, einen anderen familiären Hintergrund hat, andere Fähigkeiten und Fertigkeiten, andere Vorlieben oder Abneigungen zeigt. Und genau das ist auch gut so! Schülerinnen und Schüler brauchen unterschiedliche Persönlichkeiten als Vorbilder. Denn auch jedes Mädchen und jeder Junge, die und der da vor Ihnen im Klassenraum sitzt, ist einzigartig. Nachfolgend wage ich dennoch den Versuch, Lehrkräfte nach Typen zu ordnen. Diese Typisierung fußt auf der Potsdamer Lehrerstudie aus dem Jahr 2004[3] und meinen eigenen Beobachtungen und Recherchen.

Bei den vorgestellten Personen handelt es sich selbstverständlich um Stereotype. Die Sätze habe ich ihnen in den Mund gelegt und ob sie ihre Ausflüge tatsächlich so gestalten würden, sei dahingestellt. Aber in ähnlicher Ausprägung werden Sie sicherlich auch in Ihrem Kollegium die eine oder andere Person und deren berufliches Verhalten und sicherlich auch sich selbst wiedererkennen.

Die geerdete Lehrkraft

- … bietet ihren Schülerinnen und Schüler gut vorbereiteten Unterricht, für den sie mittleren Zeitaufwand betreibt.
- … engagiert sich für ihre Schule und ihre Klasse(n) mit hohem, aber nicht überzogenem Einsatz.
- … ist meistens zufrieden und ausgeglichen.
- … ist im Kollegium als umgänglich und zuverlässig bekannt.
- … findet praktische Lösungen.
- … ist im Kollegium und bei Eltern beliebt.
- … geht Elternabende, Konferenzen, Teamplanungen strukturiert, organisiert und mit Blick auf die Uhr an.

---

[3] https://www.lehrerfreund.de/schule/1s/lehrertyp/2967, 30.03.2024, 12:14 Uhr.

Potenziale / Exkurs: Lehrkrafttypen

- … ist herzlich und lebenslustig im Umgang mit ihren Schulkindern und mit ihrem Kollegium.
- … denkt voraus und handelt proaktiv.
- … ist offen für Hilfe von außen, wenn sie bei einer Schülerin / einem Schüler an ihre Grenzen kommt.
- … achtet auf ihre Work-Life-Balance.
- … kann in unterrichtsfreien Zeiten abschalten.
- … kommt mit Problemklassen, schwierigen Eltern und Diskussionen im Kollegium in der Regel gut zurecht.
- … ist ehrgeizig, aber nicht perfektionistisch.
- … ist flexibel im Einsatz und in der Arbeitszeit.
- … strahlt Souveränität aus.
- … erlebt den Lehrberuf als wirksam, sinnstiftend und erfüllend.
- … erkennt, wenn es ihr zu viel wird, und hat Tools, um sich dann zu entstressen.
- … erledigt die ihr zugewiesenen Aufgaben, ohne kontrolliert werden zu müssen.
- … kennt ihre Entwicklungsfelder.
- … ist bereit, sich fortzubilden, aber in einem sinnvollen Rahmen hinsichtlich des zeitlichen, finanziellen und/oder fahrtechnischen Aufwands.

 Sätze, die von dieser Lehrkraft stammen könnten:

- *Kein Problem, das übernehme ich.*
- *Bis 15 Uhr bin ich voll dabei. Dann habe ich noch einen privaten Termin.*
- *Nein, das schaffe ich heute nicht mehr.*

 Wenn diese Lehrkraft einen Klassenausflug plant, dann …

… dauert dieser bis zum frühen Nachmittag. Die Klasse fährt mit dem Zug oder Bus zu einem Museum, wo eine Führung oder ein Workshop gebucht ist. Zum Schluss gibt es noch ein Eis.

Potenziale / Exkurs: Lehrkrafttypen

 Aus dem Nähkästchen geplaudert …

Diese Lehrkraft ist wohl die Zielfigur meines Ratgebers. Sie geht gesund und munter und mit einer guten Portion Realitätssinn und Humor durch ihr Lehrkraftleben. Sie arbeitet gerne und auch mal unaufgefordert länger. Dennoch kennt sie ihre Grenzen und findet ihre Bestätigung auch außerhalb der Schulmauern. Sie hat für sich eine gute Work-Life-Balance gefunden. Sicherlich wird sie den Lehrerinnenjob noch viele Jahre erfolgreich meistern.

Die sich verausgabende Lehrkraft

… ist eigentlich 24/7 aktiv oder in Gedanken in der Schule.
… verbringt auch am Wochenende und in den Ferien viel Zeit am Schreibtisch.
… sammelt unentwegt Unterrichtsmaterial.
… erstellt oft selbst (zusätzliches) Unterrichtsmaterial, weil ihr das vorgefundene nicht in Gänze zusagt.
… schaut mit Vorliebe Filme, liest Bücher, hört Podcasts, die von Belang für die Schule sein könnten.
… zeigt ein außergewöhnliches Engagement für ihre Schülerinnen und Schüler.
… ist immer sehr gut vorbereitet und für *Sternstunden* und Topmaterialien bekannt.
… hat ein breites Repertoire an Unterrichtsmethoden.
… ist bei den Eltern sehr beliebt.
… steht jeder Kollegin / jedem Kollegen sofort mit Rat und Material zur Seite.
… übernimmt bereitwillig Zusatzaufgaben im Kollegium.
… wird in ihrem Kollegium wegen ihrer hohen Einsatzbereitschaft sehr geschätzt.
… gestaltet aufwendige Elternabende mit Blümchen, Knabbereien und Handouts.

Potenziale / Exkurs: Lehrkrafttypen

… ist jederzeit für ihre Schülerinnen und Schüler und deren Eltern erreichbar.
… hat ein großes Interesse an Weiterentwicklung und besucht viele Fortbildungen.
… hat sehr hohe Erwartungen an ihren Unterricht.
… ist besonders kritisch sich selbst gegenüber.
… schleppt sich auch krank zur Schule.
… will es allen recht machen.
… hat ein stark ausgeprägtes Harmoniebedürfnis.

 Sätze, die von dieser Lehrkraft stammen könnten:

- *O, das hört sich toll an! Das muss ich auf jeden Fall in der Schule ausprobieren.*
- *Zu diesem Thema muss ich unbedingt eine Fortbildung besuchen.*
- *Ich fahre heute Nachmittag gleich bei Familie X vorbei und kläre das.*

 Wenn diese Lehrkraft einen Klassenausflug plant, dann …

… ist es ein Ganztagesausflug mit Museumsbesuch und Stadtrundgang, auf dem die Schülerinnen und Schüler Kurzreferate halten. Der Abschluss des Tages ist ein gemeinsames Grillen mit den Eltern, für das sie mit einer komplizierten Abfrage ein variationsreiches Büfett organisiert hat und eine vorbereitete Rede hält. Geschenke für die Elternvertretung hat sie parat.

Fazit: Diese Lehrkraft hat einen hohen Anspruch an sich selbst. Sie möchte ihre Aufgaben möglichst perfekt erfüllen und es zudem allen, Schülerinnen und Schülern sowie dem Kollegium und der Elternschaft, recht machen. Ihr Beruf ist Berufung für sie und dafür ist sie bereit, ihr Privatleben stark einzuschränken. Dieser Lehrkraft bleibt zu wünschen, dass ihr hohes Arbeitspensum von ihrem Kollegium, der Elternschaft und ihren Schülerinnen und Schülern wertgeschätzt wird.

Potenziale / Exkurs: Lehrkrafttypen

Die überforderte Lehrkraft

… engagiert sich über alle Maßen, dabei unterlaufen ihr aber Fehler.

… tritt im Unterricht schusselig und fahrig auf.

… ist sehr selbstkritisch, hat aber Probleme damit, sich realistisch zu reflektieren.

… strebt nach Perfektion, zeigt aber Ermüdungserscheinungen.

… ist immer irgendwie im Stress oder hektisch.

… kann zu Hause nicht abschalten.

… denkt mit negativen Gefühlen an die Schule.

… schleppt sich auch krank zur Schule.

… weiß nicht, wie sie sich solide erholen und entspannen kann.

 Sätze, die von dieser Lehrkraft stammen könnten:

- *Das krieg ich schon irgendwie hin.*
- *O, der Termin ist mir wohl durchgerutscht.*
- *Ich habe keine Zeit für ein Treffen. Ich muss noch … machen.*

 Wenn diese Lehrkraft einen Klassenausflug plant, dann …

… ist es ein Ganztagesausflug mit Museumsbesuch, leider ohne Führung, da die Lehrkraft die Buchungsfrist versäumt hat. Auf dem folgenden Stadtrundgang erzählt die Lehrkraft spontan und mithilfe von Google etwas zu den Sehenswürdigkeiten.

 Fazit: Diese Lehrkraft hat sich lange Zeit immens engagiert und stößt nun an ihre Grenzen. Allerdings ist sie der Meinung, dass sie schon alles schaffen wird und kann, wenn sie sich nur ausreichend anstrengt, beeilt und sich *stark* zeigt. Es ist allerdings Vorsicht geboten, weil die Lehrkraft erste Anzeichen von Erschöpfung und Überforderung zeigt, die schnell zu einem Zusammenbruch führen können. Achtsamkeitsübungen sowie das bewusste Sich-Erlauben von Pausen und nicht zuletzt Grenzen zu setzen sind hier wirksame Tools zur

Potenziale / Exkurs: Lehrkrafttypen

Verbesserung der Situation. Möglicherweise kann es helfen, ihre Lehrverpflichtung zu verringern, um etwas zur Ruhe zu kommen und zu neuer Kraft zu finden, bevor sie in ein Burn-out abrutscht.

Die frustrierte Lehrkraft

… war lange Zeit überaus engagiert, zeigt aber mittlerweile wenig Einsatzbereitschaft.
… ist deprimiert und unzufrieden.
… ist unausgeglichen und hat keine innere Ruhe.
… ist sehr anfällig für Krankheiten.
… ist unzufrieden mit bürokratischen Hürden und bildungspolitischen Entscheidungen.
… hat innerlich gekündigt.
… tritt den Kolleginnen und Kollegen gegenüber oft zynisch und ironisch auf.
… sucht Erfüllung im Privatleben.

 Sätze, die von dieser Lehrkraft stammen könnten:

- *Ist doch egal, ob ich das Arbeitsblatt farbig oder schwarz-weiß kopiere. Die Schulkinder kapieren es sowieso nicht.*
- *Das reicht auch morgen noch.*
- *Ich weiß, dass euch das nicht interessiert, aber ich muss es euch trotzdem erklären.*

 Wenn diese Lehrkraft einen Klassenausflug plant, dann …

… gibt es einen kurzen Spaziergang rund um die Schule. Danach essen die Schülerinnen und Schüler ihre Brote auf dem Pausenhof.

 Fazit: Diese Lehrkraft hat leider die Freude an ihrem Beruf verloren. Möglicherweise hat sie vonseiten der Schulleitung, des Kollegiums und/oder der Elternschaft und nicht zuletzt ihrer Schülerinnen und Schüler zu wenig Anerkennung ihrer Leistungen erfahren. Vielleicht schafft sie es, durch Impulse und Übungen aus diesem Ratgeber wieder motivierter zu werden. Andernfalls besteht die Gefahr, dass dieser Lehrkrafttyp sich in eine Schonhaltung begibt, dann *Schmalspurunterricht* anbietet oder sich auf seinem *sicheren Beamtenjob mit gutem Gehalt* ausruht.

Die ausgebrannte Lehrkraft

… hat lange auf höchstem Niveau und wahrscheinlich mit hoher Stundenzahl gearbeitet.
… arbeitet ineffektiv.
… ist tief erschöpft.
… ist leicht reizbar.
… hat oftmals Magen-Darm-Beschwerden.
… klagt häufig über Kopfschmerzen.
… leidet oftmals unter Nacken- und Rückenschmerzen.
… leidet unter Schlafstörungen.
… zieht sich im Privaten zurück.
… ist niedergeschlagen, mitunter depressiv.

◆ Sätze, die von dieser Lehrkraft stammen könnten:

- *Ich bin so müde.*
- *Ich habe keine Lust.*
- *Warum sollte ich?*

◆ Wenn diese Lehrkraft einen Klassenausflug plant, dann …

Diese Lehrkraft macht keine Ausflüge mehr mit ihrer Klasse.

◆ *Fazit:* Diese Lehrkraft hat leider ihre Motivation für die Schule gänzlich verloren. Sie muss ihre körperliche und geistige Gesundheit wiederherstellen und ins Gleichgewicht kommen. Hierzu benötigt sie medizinische bzw. psychologische Unterstützung zur Wiederherstellung der Dienstfähigkeit. Es erschreckt mich, dass mehreren wissenschaftlichen Untersuchungen zufolge mittlerweile jede dritte Lehrkraft Anzeichen eines Burn-outs zeigt.[4]

> **Was ist überhaupt ein Burn-out?**
>
> Ein Burn-out ist ein Zustand totaler körperlicher, emotionaler und geistiger Erschöpfung mit verminderter Leistungsfähigkeit. Das *Ausgebranntsein* entsteht schleichend und die ersten Anzeichen werden oft nicht ernst genommen. Meist wird erst reagiert, wenn körperliche Symptome hinzukommen und/oder die Person Anzeichen einer Depression zeigt.
>
> *Wichtig:* Ein Burn-out ist keine Krankheit und auch nicht mit einer Depression gleichzusetzen. Es handelt sich um eine ernst zu nehmende Risikosituation, aus der Krankheitsbilder, physischer und psychosomatischer Art, entstehen können.
>
> Oder wie eine betroffene Person es auf den Punkt bringt:
>
> „I've done too much for too many for too long with too little regard for myself."[5]

Die Lehrkraft, die sich schont

… hat einen geringen Anspruch an ihren Unterricht.
… ist Expertin für *Schwellenpädagogik*: Sie überlegt sich Stundenthema und -ablauf beim Betreten des Klassenraums.
… zeigt weniger Einsatzbereitschaft.
… macht Dienst nach Vorschrift.
… verlässt nach Unterrichtsende fluchtartig das Schulgelände.
… hat lange Korrekturzeiten für Klassenarbeiten.

---

[4] https://www.welt.de/politik/deutschland/article135197907/Jeder-dritte-Lehrer-klagt-ueber-Burn-out.html, 31.03.2024, 19:16 Uhr.
[5] Bergner, T. (2004): Burn-out bei Ärzten. Lebensaufgabe statt Lebens-Aufgabe. Deutsches Ärzteblatt, 101, 33, A-2232 / B-1866/ C-1797, 31.03.2024, 19:22 Uhr.

Potenziale / Exkurs: Lehrkrafttypen

… interpretiert Lehrpläne und Curricula recht frei.
… kann sich im Privaten gut von der Schule distanzieren.
… ist innerlich absolut ausgeglichen.

 Sätze, die von dieser Lehrkraft stammen könnten:

- *Mach ich noch, jaja.*
- *Liegt auf meinem Schreibtisch ganz oben, kommt demnächst.*
- *Neue Unterrichtsmethoden? Ach nö.*

 Wenn diese Lehrkraft einen Klassenausflug plant, dann …

… geht es in die Eisdiele um die Ecke.

Fazit: Dieser Lehrkrafttyp bestätigt wohl das gängige Vorurteil der *faulen Lehrkraft*. In Bezug auf die psychische Gesundheit geht es dieser Person sicherlich bestens. Ihren Schülerinnen und Schülern bleibt aber zu wünschen, dass sie auch im Schmalspurunterricht genügend lernen und von anderen Lehrkräften oder Anreizen her ausreichend motiviert werden. Höchstwahrscheinlich hat sich dieser Lehrkrafttyp diesen Ratgeber nicht gekauft.

 Hand aufs Herz: Welcher Lehrkrafttyp sind Sie?

Konnten Sie sich in einer der dargestellten Lehrkräfte wiederfinden oder zumindest eine Tendenz feststellen?

🐌 Dieser Lehrkrafttyp bin ich:

....
....
....
....

Potenziale / Exkurs: Lehrkrafttypen

> Möglicherweise haben Sie (erste) Anzeichen der *sich verausgabenden* oder der *frustrierten Lehrkraft* bei sich festgestellt? Dann beglückwünsche ich Sie zum Kauf meines Ratgebers. Denn damit haben Sie den ersten Schritt getan, um nicht noch erschöpfter und/oder demotivierter zu werden oder gar ins Burn-out abzurutschen.

Hand aufs Herz: Nach der Beantwortung der Fragenliste und dem Kennenlernen der Lehrertypen können Sie sicherlich sofort benennen, was Sie Ihrer Meinung nach nicht so gut können und was Ihrer Meinung nach nicht gut läuft. Da dieser Ratgeber Ihnen aber mehr Zufriedenheit im Lehrerinnenjob schenken soll, möchte ich Ihren Blickwinkel nun ganz bewusst darauf richten, was Sie als Persönlichkeit antreibt, was Sie gut können und was Ihnen Freude bereitet.

Indem Sie das Negative erkennen und zumindest auf dem Papier schon mal ausklammern, wird Ihnen augenblicklich klar werden, was Sie längerfristig beibehalten wollen oder vielmehr sollten, weil es Sie lächeln lässt sowie bei Ihren Schulkindern und/oder Eltern und in Ihrem Kollegium positiv ankommt.

Im nächsten Kapitel dieses Ratgebers gebe ich Ihnen daher vielfältige Impulse an die Hand, mit denen Sie etwas für Ihre Ressourcen tun, sich wieder ins Gleichgewicht bringen und wieder mehr Freude an Ihrem täglichen schulischen Tun finden können.

Die eigenen Potenziale entfalten

Wenn es darum geht, die eigenen Potenziale zu entfalten und wertebasiert in seinem Berufsalltag unterzubringen, sollte man sein Ziel kennen. Was macht für Sie eigentlich eine Superlehrkraft aus?

Was ist eine Superlehrkraft für Sie?

Liebe Leserin, bitte vervollständigen Sie den Satzanfang ganz spontan:

Eine Superlehrkraft ist eine Person, die …

....

....

....

....

....

Ohne Ihnen zu nahe treten zu wollen, habe ich ein paar Ideen, was Sie höchstwahrscheinlich geantwortet haben. Tauchen in Ihren Antworten die *perfekte Jahresplanung*, das *selbst erstellte Material*, die *durchgeplanten Unterrichtsstunden mit viel Differenzierung* auf? Benennen Sie ein souveränes, immer freundliches Auftreten und ein allseits offenes Ohr für die Schülerinnen und Schüler? Vielleicht haben Sie sogar an das passende Lehrkraftoutfit gedacht?

Mit Verlaub: Das alles sind hehre Ziele und sicherlich gehört alles zu einer guten Lehrkraft. Aber ist dies realistisch? Kann eine Lehrkraft permanent solche Superleistungen vollbringen? Und: Sind dies wirklich Superleistungen? Ist es wirklich das, was Schülerinnen und Schüler gut lernen lässt und Lehrkräfte bis zur Pension in ihrem Beruf glücklich macht?

Potenziale entfalten

> Im Rahmen meiner Miniumfrage waren die Tipps, die sich an Junglehrkräfte richteten, nicht, möglichst viele Highlightstunden zu absolvieren, sondern sich authentisch und von ihrem Unterricht und ihrem Fach angetan zu zeigen, ihre Schülerinnen und Schüler für ihr Fach zu begeistern und eine gute Beziehung zu ihnen aufzubauen.

Viele Publikationen untermauern dieses subjektive Meinungsbild. Demnach wird eine Lehrkraft, die ihre Eigenheiten, Ecken und Kanten nicht preisgibt, sondern sich marionettenhaft *im Griff hat*, keine gute Beziehung zu ihren Schülerinnen und Schülern aufbauen und sie nicht für ihren Unterricht begeistern. Dadurch wirkt sie unnahbar oder gar *von oben herab*. Das wird höchstwahrscheinlich aufseiten der Lehrkraft wie der ihrer Schülerinnen und Schüler längerfristig zulasten der Zufriedenheit gehen.

Wer sich traut, seine Einmaligkeit und Einzigartigkeit in seinem Handeln, Denken, Entscheiden und Leben preiszugeben, wird glaubwürdig rüberkommen:

> *(Es braucht ...) Lehrkräfte, die nicht nur ihr Fach, sondern auch das Leben verstehen und meistern können. Menschen, die sich Zeit für ihre Schüler*innen nehmen, sich für deren Alltag interessieren und einen Teil der eigenen Persönlichkeit preisgeben. Erst wenn (Lehrkräfte) in ihrer Rolle mehr sein wollen als Fachvermittler*innen, wenn sie als Persönlichkeiten ihren anvertrauten Mit-Menschen, den Schülern*innen, begegnen und nicht nur Wissen, sondern auch Sein vermitteln und vorleben, dann schöpfen sie ihr Potenzial (...) voll aus. Und sie entfachen Begeisterung bei den Heranwachsenden, sorgen damit gleichzeitig für ihre eigene Resilienz und bringen mit ihrem Elan neuen Glanz in die schulische Wirklichkeit.*[6]

---

[6] https://www.friedrich-verlag.de/bildung-plus/lehrerberuf/wert-voll-durch-den-schulalltag/, 02.04.2024, 18:47 Uhr.

Potenziale entfalten

> Das sagt eine Lehrkraft …
> *Nach vielen Jahren im Schuldienst gibt es für mich drei Prioritäten: 1. Sei du selbst. 2. Eigne dir eine Haltung an. 3. Höre auf deine eigenen und die Wünsche deiner Schülerinnen und Schüler.*
>
> Lehrkraft, 44 Jahre alt, 18 Dienstjahre

Nehmen Sie sich die Aussage der zitierten Lehrkraft zu Herzen und trauen Sie sich im Hinblick auf den Aufbau einer guten Beziehung zu, vor Ihren Schülerinnen und Schülern und im Kollegium mehr von sich und Ihrer Persönlichkeit preiszugeben und zu Ihren persönlichen Vorlieben zu stehen. Dabei muss es keine Entscheidung zwischen *entweder Lehrkraft oder Privatperson* sein. In Jeans und Sneakers können Sie mitunter professioneller im Auftreten sein, wenn dies Ihren Typ unterstreicht. Wichtig ist, dass Sie sich in Ihrer Haut wohlfühlen. Dadurch werden Sie authentisch auftreten. Beginnen Sie den Unterricht mit einem Freudenschrei, wenn Sie in der Früh von Ihren Kindern mit einem Blumenstrauß überrascht wurden. Warnen Sie die Klasse vor, wenn Sie mit dem linken Fuß aufgestanden sind, und zeigen Sie Ihre Freude, wenn Sie in eins Ihrer Lieblingsunterrichtsthemen einsteigen.

> 💡 Es ist wohl auch schlichtweg unmöglich, das Arbeits- und das Freizeit-Ich konsequent zu trennen. Sie sind ein Mensch mit allem, was dazugehört: Emotionen, Stärken und Schwächen, Bedürfnissen, Vorlieben und Abneigungen, Wünschen und Visionen. Das eine oder andere komplett auszublenden, kann zu inneren Konflikten führen. Lassen Sie deshalb Authentizität zu! Kinder und Jugendliche merken sowieso sehr schnell, wenn Erwachsene sich verstellen oder sich eine bestimmte Rolle aufzusetzen versuchen.

Potenziale entfalten

Wenn es Ihnen so gelingt, Ihren Blick auf Ihre eigenen Vorlieben, Kenntnisse und Fertigkeiten zu ändern und sich selbst mit wertschätzendem Blick zu betrachten, werden Sie zufriedener und sicherer in Ihrem Auftreten. Dazu gehört auch zu hinterfragen, wo Ihre Grenzen sind, und diese dann auch zu benennen und einzufordern. Zudem ist es ratsam zu erforschen, was Sie in den Flow bringt – im privaten wie im schulischen Bereich.

Wenn Sie echte Nabelschau betreiben und sich eingestehen,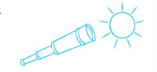

- was Sie wissen,
- was Sie wollen,
- was Sie können,
- was Ihnen gut tut und was nicht,
- was Sie begeistert und was Sie langweilt,

dann werden Sie langfristig mit mehr Freude und Selbstbewusstsein im Klassenraum und Lehrerzimmer auftreten.

Machen Sie jetzt mithilfe der folgenden Fragen eine *Bestandsaufnahme de luxe*, indem Sie Ihren Fokus ausschließlich auf das Gute richten. So steigern Sie auf die Schnelle Ihr Wohlfühlgefühl in Bezug auf Ihren Beruf, auch wenn Sie vielleicht aktuell am Hadern oder sehr müde sind.

Potenziale entfalten

🖋 Ganz spontan: Das macht mir Freude in Schule und Unterricht:

....
....
....
....

🖋 Diese drei Dinge bekomme ich im Unterricht oder auch im Kollegium gut hin:

....
....
....
....
....

🖋 Dafür werde ich im Kollegium und/oder von der Schulleitung geschätzt:

....
....
....
....
....

🖋 Bei dieser Tätigkeit oder in diesem Bereich bin ich über die Jahre besser geworden:

....
....
....
....
....

Potenziale entfalten

🖊 Diese Aufgabe und/oder dieses Fach wird mir ungefragt immer wieder angeboten, weil ich für meine professionelle Ausführung bekannt bin:

....
....
....
....

◆ *Was ist meine Vision für meine Schülerinnen und Schüler?*

> Das sagt eine Lehrkraft …
>
> *Mein Unterricht soll im Großen und Ganzen in positiver Erinnerung bleiben, sodass die Kinder später gerne daran zurückdenken. Das Lernen kommt doch oft ganz von allein, wenn der Rest passt.*
>
> Lehrkraft, 29 Jahre, zwei Dienstjahre

Nun ist es sinnvoll, sich noch damit zu beschäftigen, was Sie Ihren Schülerinnen und Schülern mit auf den Weg geben möchten. Die Lehrkraft im Zitat hat das schon für sich herausgefunden. Wie sieht es bei Ihnen aus? Beantworten Sie dazu folgende Fragen:

🖊 Das macht für mich persönlich guten Unterricht aus:

....
....
....
....
....

Potenziale entfalten

- Das bewundere ich an anderen Lehrkräften:

- Dafür möchte ich im Kollegium und von der Schulleitung geschätzt werden:

- Wenn ich alle Möglichkeiten hätte: Das wäre hilfreich oder nötig, damit ich meine Potenziale möglichst optimal in Schule, Unterricht und Kollegium einbringen kann:

- Welche Lehrperson möchte ich sein?

Potenziale entfalten

🕊 Wie sieht der optimale *Ort Schule* für mich aus?

⁣ ⁣

🕊 Wer bin ich als Mensch und was zeichnet mich aus?

⁣ ⁣

🕊 Für welche Überzeugungen und Werte stehe ich ein?

Potenziale entfalten

Liebe Leserin, an dieser Stelle des Buches können Sie einmal innehalten und tief durchatmen. Sie haben nun echte Nabelschau betrieben und hinterfragt, was Sie warum und wie tun, und im Umkehrschluss auch, was Sie nicht tun oder tun möchten. Respekt und Glückwunsch! Ich bin mir sicher, dass damit der Grundstein für ein (lebens-)langes Lehrkraftleben mit Hochgefühlgarantie und gutem Kontakt zu Ihren Schülerinnen und Schülern gelegt ist. Denn wer weiß, warum er etwas tut, ist definitiv besser dran – oder mit den Worten Nietzsches ausgedrückt:

> *Wer ein Warum hat, der erträgt fast jedes Wie.* Friedrich Nietzsche

Seien Sie Sie selbst – in dem Maße, das für Sie okay ist. Glauben Sie mir: Sie werden eine Superlehrkraft sein!

Ich habe für dieses Kapitel einige Sätze zusammengetragen, die Sie in der Art und Weise im Kreis Ihrer Kolleginnen und Kollegen schon gehört und auch bei sich selbst das eine oder andere Mal schon gedacht haben könnten. Darin äußern Lehrkräfte Unzufriedenheit an sich selbst oder hadern mit den Umständen – äußerst kontraproduktiv in Bezug auf die Eigenmotivation und Selbstliebe. Bestimmt erkennen Sie sich im einen oder anderen Satz wieder. Probieren Sie die vorgeschlagenen Alternativsätze doch einmal aus. Sicherlich bringt dies mehr Leichtigkeit und Zufriedenheit in Ihren Berufsalltag, weil Sie dadurch sich selbst und Ihre eigene Vision vom Beruf selbstbestimmter ausleben können.

 Anstatt: *Das kann ich in der Schule doch nicht machen* lieber: *Das probiere ich jetzt einfach mal aus.*

Sicher: Als Lehrkraft sollen Sie Ihren Schülerinnen und Schülern Wissen vermitteln, Eltern unterstützend beraten und im Kollegium ernsthaft auftreten. Dies muss nicht zwangsläufig distanziert-neutral passieren, sondern darf durchaus auch einen privaten oder emotionalen Anstrich haben. Sofern Sie selbst sich damit wohlfühlen oder Ihnen die Kombination von Schul- und Privatleben

Potenziale entfalten

manchmal sogar Spaß macht und Erleichterung bringt, dann ist dies doch mehr, als man sich wünschen kann. Wie viel Sie von sich preisgeben, entscheiden dabei natürlich Sie selbst!

Hier ein paar Beispiele für Situationen, in denen man sich gut und gerne auch als Privatperson zeigen kann:
- In einem Elterngespräch kann es ein guter Türöffner sein, wenn Sie von einem Erlebnis mit Ihren Kindern erzählen, wenn es zum Thema passt, wie z. B. Streitereien bei den Hausaufgaben.
- Sie backen für Ihr Leben gern? Sicherlich freut sich Ihr Kollegium bei der nächsten Konferenz über leckere Kostproben.
- Sie treiben Sport in einem ortsansässigen Verein? Dann wirkt es für die Schülerinnen und Schüler absolut authentisch, wenn Sie ein entsprechendes T-Shirt tragen.
- Sie haben Kinder und deshalb viele Bilderbücher zu Hause? Perfekt! Nutzen Sie diese für Vorlesestunden und Unterrichtseinstiege.
- Ihre Kollegin / Ihr Kollege ist Ihnen sympathisch. Warum nicht mal einen Kaffee außerhalb der Schule mit ihr oder ihm trinken gehen und ganz bewusst nur über Privates quatschen?

Diese Fähigkeiten oder Hobbys können für meinen Unterricht oder die Schule von Nutzen sein:

Potenziale entfalten

 Anstatt: *Das kann ich nicht …* lieber: *Das kann ich nicht so gut, aber das lässt sich ändern.*

Es ist völlig normal, dass nicht jedes Unterrichtsthema Ihnen liegt oder dass Sie stets auf Anhieb die kreativsten Ideen parat haben. Na und? Nutzen Sie die Chancen der Digitalisierung und besorgen Sie sich unkompliziert kostenlos oder sehr kostengünstig fachlich fundierte und wunderbar gestaltete Unterrichtsmaterialien in Downloadform.

Außerdem gibt es viele Lehrkräfte, die auf ihren Blogs in Wort und Bild Einblicke in ihren Unterrichtsalltag bieten. Dort können und dürfen Sie sich Ideen holen, für sich adaptieren und übernehmen und Ihren Schülerinnen und Schülern so ein faszinierendes Unterrichtsangebot machen.

 Aus dem Nähkästchen geplaudert …

An vielen Grundschulen wird es so gehandhabt, dass eine Lehrkraft unabhängig von ihren studierten Fächern, *alles* unterrichtet. Möglicherweise ist das bei Ihnen auch der Fall und Sie sind etwas in der Bredouille, weil Sie sich nicht kompetent genug fühlen oder es Ihnen an Ideen für das Fach mangelt. Vor so eine Herausforderung wurde ich gestellt, als es vor Jahren hieß, ich solle fachfremd Sport und Schwimmen unterrichten. Mittlerweile möchte ich diese Fächer gar nicht mehr aus der Hand geben, weil sie mir so unsagbar viel Freude bereiten. Ich unterrichte sie vielleicht etwas anders, vielleicht fehlt hier und da der letzte Schliff. Aber mithilfe eines großen Fundus an tollen Materialien, den ich mir über die Jahre zusammengestellt habe, sowie meiner eigenen Sportleidenschaft gelingt mir ein motivierender Unterricht.

Potenziale entfalten

- Anstatt: *Ich kann es einfach nicht perfekt …* lieber: *Ich mache es etwas anders.*

> Das sagt eine Lehrkraft …
>
> *Den Freiraum, wie ich mich als Lehrerinnenpersönlichkeit darstellen und ausleben darf, schätze ich sehr. Und den Freiraum in der Unterrichtsgestaltung, also wie ich den Lehrstoff vermittle, finde ich auch schön, da man so kreativ sein kann.*
>
> Lehrerin, 29 Jahre, zwei Dienstjahre

Sicherlich geben Sie täglich Ihr Bestes. Aber dennoch läuft nicht jede Unterrichtsstunde super, gehen Ihre Schülerinnen und Schüler nicht immer glücklich nach Hause. Verurteilen Sie sich nicht dafür! Es gibt nicht *das eine Richtig* oder den *perfekten Unterricht*! Nutzen Sie dieses Wissen und gestehen Sie sich unbedingt einen Spielraum in der Ausgestaltung Ihres Unterrichts zu, der auf Ihre Eigenschaften und Kenntnisse zugeschnitten ist. Seien Sie außerdem gnädig mit sich, wenn es doch mal ein wenig aus dem Ruder läuft. Wenn Sie sich sicher fühlen in dem, was Sie tun, werden Sie höchstwahrscheinlich begeisterte Schülerinnen und Schüler vor sich sitzen haben. Das wird Sie selbst sicherer im Unterrichten machen und Sie schlussendlich Freude verspüren lassen. Die Lehrkraft im Zitat hat das für sich schon erkannt und schätzt ihren kreativen Freiraum, Dinge anders machen zu können. Gestalten Sie die Sache also so, dass Ihr Unterricht *Ihr persönliches Richtig* wird.

Potenziale entfalten

Aus dem Nähkästchen geplaudert …

Während ich in den ersten Berufsjahren versuchte, alles so gut wie möglich zu machen, gestehe ich mir mittlerweile ein, dass ich manches nicht so gut kann. Ich lege meinen Fokus nun stärker auf die Tätigkeiten, die mir leichtfallen und die ich gerne mache. Vielleicht ist das auch eine Idee für Sie?

🖎 Das fällt mir aktuell in beruflicher Hinsicht leicht:

....
....
....
....

🖎 Das bringt mir Freude:

....
....
....
....

Gehen Sie dabei auch ein paar Schritte zurück:

🖎 Das fiel mir vor fünf Jahren leicht:

....
....
....

Potenziale entfalten

- Das fiel mir vor zehn Jahren leicht:

  ....
  ....
  ....

- Das fiel mir in meiner Kindheit leicht:

  ....
  ....
  ....

Sicherlich gibt es bei näherer Betrachtung Ihrer Antworten dabei Gemeinsamkeiten und/oder tauchen Angaben immer wieder auf. Versuchen Sie, diese so oft es geht in Ihren Unterricht und in Ihren Tätigkeitsbereich als Teil des Kollegiums einzubauen. Haben Sie mit vielen Dingen zu tun, die Ihnen Freude bereiten und Ihnen deshalb wahrscheinlich auch leichtfallen, dann werden Sie sicherlich auch die anderen, weniger beliebten Tätigkeiten mit etwas mehr Gelassenheit bewältigen.

 Anstatt: *Nein!* lieber: *Nein, aber …*

Vielleicht bemerken Sie, dass eine Aufgabe bei Ihnen echten Widerwillen hervorruft oder Sie sich dieser absolut nicht gewachsen fühlen. Dann gestehen Sie sich das ehrlich ein. Und muten Sie Ihrem Kollegium oder der Schulleitung ein klares *Nein* zu. Bevor Sie aber zur Schulleitung gehen und eine Aufgabe komplett ablehnen, weil Sie es sich nicht zutrauen, ein Unterrichtsthema weglassen, Sie sich fachlich nicht versiert genug fühlen oder Ihnen schlichtweg die Zeit fehlt, kann es im Sinne einer guten Atmosphäre sinnvoll sein, vorab schon nach Alternativen zu suchen, die Sie im Gegenzug übernehmen können. Somit entsteht ein Win-win-Moment auf beiden Seiten.

Potenziale entfalten

Beispiele:
- *Ich kann zwar nicht häkeln, aber ich lade Eltern ein, die mich während dieser Unterrichtsphase unterstützen.*
- *In den Zoo möchte ich mit der unruhigen 4b nicht gehen. Aber einen Halbtagesausflug ins Wildgehege zusammen mit der FSJ-Kraft könnte ich mir vorstellen.*

 Anstatt: *Die Deutschstunde lief heute wirklich bescheiden* lieber: *Ich werde es morgen besser machen.*

Der Anspruch, immer alle Bereiche aller Fächer abzudecken und alle Schulstunden gleich gut vorzubereiten, ist löblich. Aber bei näherer Betrachtung wird klar, dass dies wohl utopisch ist. Wir sind keine Maschinen, die alles gleichermaßen perfekt machen können. Und: Müssen wir das überhaupt? Gehen Sie realistisch mit Ihren eigenen Ansprüchen um. Alle ihre Schülerinnen und Schüler täglich individuell zu fördern, ist eine Utopie. Jede Ihrer Unterrichtsstunden perfekt vorzubereiten, zu halten und sämtliche Lernziele zu erreichen, auch. Sehen Sie jeden Schultag als neue Chance, etwas mehr dafür zu tun, Ihr Ziel der individuellen Förderung und des guten Unterrichts zu erreichen.

 Anstatt: *Warum soll ich das schon wieder machen?* lieber: *Ich muss es nicht allen recht machen.*

Ist man länger an einer Schule, kann es passieren, dass man im Kollegium einen bestimmten Ruf innehat, z. B. *Die Beate macht das doch immer so toll mit den ersten Klassen.* Oder: *Der Horst macht den Sporttag doch schon seit Jahren so gut. Da kommt keiner ran.* Das ist doch eigentlich eine große Ehre und Sie dürfen sich zunächst darüber freuen und stolz auf sich sein. Möglicherweise steckt aber auch die Intention dahinter, dass Kolleginnen und/oder Kollegen Sie loben, um selbst von dieser Aufgabe befreit zu sein. Bringen Sie es auf jeden Fall zur Sprache, wenn Sie dies bemerken sollten und/oder dass Sie auch mal Lust auf etwas Neues hätten. Sie dürfen sich durchaus widersetzen, denn Sie haben sich nicht zeitlebens für diese Aufgabe verpflichtet. Tun Sie dies aber auf charmante Art. Vielleicht hilft Ihnen auch das zuletzt genannte Sprach-

Potenziale entfalten

mittel: *Nein, ich möchte das nicht mehr machen. Aber stattdessen würde ich gerne …*

Überlegen und notieren Sie einmal für sich:

- Das mache ich an der Schule gefühlt schon immer:

………………………………………………………………………………………
………………………………………………………………………………………
………………………………………………………………………………………
………………………………………………………………………………………
………………………………………………………………………………………
………………………………………………………………………………………
………………………………………………………………………………………

- Es macht mir Freude und/oder geht mir leicht von der Hand?
  ☐ Ja.   ☐ Nein.

- Ich möchte dieses Amt / diese Aufgabe gerne abgeben?
  ☐ Ja.   ☐ Nein, ich mache es gerne.

- Das würde ich gerne mal ausprobieren/machen/übernehmen:

………………………………………………………………………………………
………………………………………………………………………………………
………………………………………………………………………………………
………………………………………………………………………………………
………………………………………………………………………………………
………………………………………………………………………………………

Potenziale entfalten

 Aus dem Nähkästchen geplaudert …

Vielleicht ist Ihnen aufgefallen, dass eine Kollegin und/oder ein Kollege schon seit Langem eine Aufgabe übernimmt, die allen an der Schule zugutekommt, weil sie den Ablauf erleichtert. Möglicherweise stellt sie/er z. B. nach Schulschluss die Spülmaschine an, damit am nächsten Tag die Tassen wieder trinkbereit sind? Oder sie/er füllt das Kopierpapier nach? Oder haben Sie selbst vielleicht neulich ganz spontan die Bestellung der Grillwürste fürs Schulfest gemacht, weil Sie sowieso gerade beim Fleischer waren? Viele Dinge, die außerhalb des Unterrichts stattfinden, aber für den reibungslosen Ablauf in einer Schule vonnöten sind, laufen unsichtbar ab. Hier ist meiner Meinung nach etwas Wertschätzung angebracht! Das kann ein mündliches Lob, ein nettes Kärtchen oder ein schöner Blumenstrauß sein. Vielleicht regen Sie das in der nächsten Konferenz einmal an?

◆ Anstatt: *O nein, auch das noch!* lieber: *Gehört nun mal dazu und das ist okay.*

Ich gebe Ihnen völlig recht: Manche schulische Aufgaben sind lästig und fressen Zeit, sind aber nun mal zu erledigen. Versuchen Sie, von jetzt an das Verb *müssen* immer wieder durch *können* oder *dürfen* zu ersetzen. Sie werden sehen, wie viel leichter Ihnen dadurch manches von der Hand geht. Ein echter Gamechanger, glauben Sie mir!

Beispiele:
- Ich muss noch zehn Hefte korrigieren. → Ich kann jetzt noch zehn Hefte korrigieren und habe dann am Abend nichts mehr zu tun.
- Ich muss den zweiten Teil der Konferenz leiten. → Ich darf den zweiten Teil der Konferenz leiten, weil meine Schulleitung mir das zutraut.

Potenziale entfalten

- Ich muss den Erste-Hilfe-Kasten im Lehrerzimmer auffüllen. → Ich darf den Erste-Hilfe-Kasten auffüllen und trage so dazu bei, dass unsere Schülerinnen und Schüler schnell verarztet werden.

✏ Probieren Sie es aus. Notieren Sie ein paar Dinge, die für Sie wirklich lästig sind, aber regelmäßig getan werden müssen:

....
....
....
....
....
....
....
....

✏ Suchen Sie etwas Erfreuliches daran und formulieren Sie die Sätze um:

....
....
....
....
....
....
....
....

Potenziale entfalten

 Anstatt: *Aber mein Unterricht darf nicht darunter leiden!* lieber: *Manchmal ist weniger mehr.*

Meistens wissen Sie schon eine Weile im Voraus, in welchen Schulwochen es besonders herausfordernd wird, weil viele Aufgaben schulischer und privater Natur zusammenkommen. Nehmen Sie dies bei Ihrer Unterrichtsplanung bewusst in den Blick. So können Sie relativ entspannten Unterricht machen und haben dennoch ausreichend Kraft und Ausdauer für das Drumherum. Insgesamt sorgen Sie so dafür, dass Sie in der darauffolgenden Woche wieder mit mehr Power und unterrichtlichem Aufwand durchstarten werden. Hier ein paar Anregungen:

- Der Fokus in dieser Woche liegt dann bei Wiederholungsübungen, klassischen Inputstunden anstelle von durchgetakteten Stunden mit großem Materialaufwand.
- Kochen Sie am Vorabend das Mittagessen für den Folgetag vor. Oder kochen Sie doppelte Mengen, die eingefroren und zu einem späteren Zeitpunkt für ein schnelles, gutes Essen sorgen.
- Planen Sie am Ende der Woche ein schönes Highlight für sich ein, z. B. Essengehen mit Ihrer Partnerin / Ihrem Partner oder einen Saunabesuch.

 Anstatt: *Wenn dies und das anders wäre, dann würde ich ja …* lieber: *Ich mach das jetzt einfach.*

Das sagt eine Lehrkraft …

Ich kann mein Potenzial nur teilweise ausleben. Leider bin ich sehr festgelegt zwischen Fachanforderungen, Erlassen, Gesetzen.

Lehrer, 30 Jahre alt, 5 Dienstjahre

Potenziale entfalten

Diese Antwort einer Lehrkraft aus meiner Miniumfrage steht stellvertretend für viele andere, die ähnliches benennen: ein starres Bildungssystem, in dem Veränderungen langsam stattfinden, festgefahrene Strukturen an Schulen, Probleme aufgrund des Standorts der eigenen Schule usw. Sicherlich können auch Sie wie diese Lehrkraft sofort Gründe nennen, warum Sie dieses oder jenes in Ihren Lerngruppen oder Ihrem Kollegium oder in den Räumlichkeiten und Möglichkeiten an Ihrer Schule nicht machen können. Ich stimme Ihnen zu: Wäre dieses und jenes anders, dann wäre dieses und jenes besser, dann könnten Sie dieses und jenes anders und besser machen. Und ja: Jammern ist erlaubt! *Aber:* Dieses Denken im Konjunktiv bringt Sie und mich faktisch im Jetzt nicht weiter. Stattdessen geraten wir so immer tiefer in eine Negativspirale, verlieren die Motivation und das Interesse an der Schule, dem Unterricht und unseren Schülerinnen und Schülern.

Versuchen Sie stattdessen, das Beste aus dem zu machen, was Sie selbst an Fähigkeiten und Motivation mitbringen, und aus dem, was Ihnen Ihre Schule vor Ort an Möglichkeiten, personell wie zeitlich und räumlich, bietet.

Beispiele:
- Ihre aktuelle Klasse ist sehr groß? Das können Sie nicht ändern, stimmt. Aber Sie können Ihren Unterricht dahingehend anpassen und vielleicht weniger offen arbeiten, aber dafür alle Schülerinnen und Schüler im Blick haben.
- Gehen Sie einmal konkret an den Status quo heran. Im Grunde können Sie auch im Rahmen des recht starren Schulapparates viel mehr für Ihr persönliches Wohlbefinden, Ihr berufliches Fortkommen und Ihre innere Zufriedenheit tun, als es manchmal den Anschein hat.

Potenziale entfalten

Tragen Sie in die Tabelle ein: Was ist faktisch unveränderlich? Aber wie können Sie es doch zu Ihren Gunsten justieren?

Fakten	Wie kann ich die Sache verändern?

Überlegen Sie einmal und notieren Sie:

- In diesem Bereich hätte ich in meiner Klasse, meinem Kollegium oder in der Schule gerne mehr Einfluss oder Bedeutung:

- So kann ich das erreichen, z. B. passende Literatur lesen, eine Fortbildung besuchen:

Potenziale entfalten

 Fangen Sie innerhalb der nächsten drei Tage mit der Umsetzung Ihres Vorhabens an.

 Anstatt: *Ja. Okay. Dann mach ich halt …* lieber: *Nein.*

Lehrkräftemangel und Kolleginnen und Kollegen auf Fortbildung oder im Krankenstand zollen ihren Tribut. Sicherlich leisten auch Sie regelmäßig Überstunden, übernehmen kommentarlos die Parallelklasse und kümmern sich darum, dass der Unterricht in Ihrer eigenen Klasse läuft. Solange Sie das kräftemäßig packen, ist das vorbildlich, äußerst kollegial und lobenswert. Wenn Sie aber merken, dass Sie immer erschöpfter werden, dass Ihr eigener Unterricht darunter leidet und Sie überhaupt permanent jammern und sich beschweren, dann läuft etwas falsch.

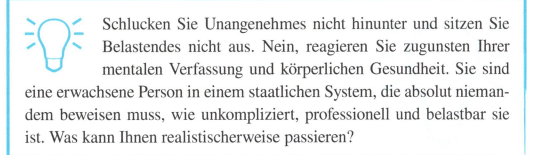

Schlucken Sie Unangenehmes nicht hinunter und sitzen Sie Belastendes nicht aus. Nein, reagieren Sie zugunsten Ihrer mentalen Verfassung und körperlichen Gesundheit. Sie sind eine erwachsene Person in einem staatlichen System, die absolut niemandem beweisen muss, wie unkompliziert, professionell und belastbar sie ist. Was kann Ihnen realistischerweise passieren?

- Jammern Sie nicht im Stillen! Beschweren Sie sich nicht bei Ihrer Familie. Stehen Sie stattdessen an der Schule zu einem *Nein*!
- Kommunizieren Sie Ihrer Schulleitung oder einer anderen Vertrauensperson im Kollegium gegenüber offen, was Sie belastet/stört.
- Bitten Sie als seelische und moralische Unterstützung ggf. eine Kollegin / einen Kollegen zum Konfliktgespräch hinzu, wenn Ihnen dies mehr Sicherheit und Stärke gibt.
- Suchen Sie im offenen Austausch nach Möglichkeiten, wie Sie entlastet werden können.

Potenziale entfalten

- Nutzen Sie Ihr Recht, das Sprachrohr des Personalrats, wenn Sie in einer Sache mit der Schulleitung nicht weiterkommen, diese aber für Sie untragbar ist.

🖎 Zu dieser Situation, Aufgabe oder auch Person möchte ich aktuell ganz klar Nein sagen:

....
....
....
....
....

🖎 So könnte ich dies umsetzen:

....
....
....
....
....

Ich habe auf der Folgeseite ein paar Sätze für Sie gesammelt, die Ihnen und mir als Hommage an unseren Beruf und sicherlich zur Motivationssteigerung dienen sollen.

Potenziale entfalten

Lehrerin oder Lehrer zu sein, ist wundervoll, weil ...

... ich Kindern ein Lächeln ins Gesicht zaubern kann.

... ich Kindern dabei helfen darf, die Welt zu entdecken.

... ich täglich Überraschungen erlebe.

... der Job krisensicher ist.

... meine tägliche Arbeit mit Kindern einen Sinn hat.

... ich einen wichtigen Beitrag zur guten Bildung meiner Schülerinnen und Schüler leisten kann.

... ich eine neue Generation heranwachsen sehen kann und mittendrin bin.

... die Kinder mir jeden Tag ein Stückchen Glück mitbringen.

... mich die Arbeit mit jungen Menschen jung hält.

... ich meine Kreativität ausleben kann.

... ich zur Veränderung der Gesellschaft beitragen kann.

... ich die Sicherheit eines festen Jobs und die Flexibilität einer freiberuflichen Tätigkeit genießen kann.

... ich berührende Momente mit Menschen habe.

... ich immer wieder kleine Geschenke von Schülerinnen und Schülern erhalte, die mein Herz erfreuen.

... ich sehr eigenverantwortlich arbeiten kann.

... es den Luxus von Ferientagen mit sich bringt, die ich selbstverantwortlich gestalten kann.

... ich junge Menschen für eine Sache begeistern kann, die mich selbst interessiert.

Hier ist Platz für Ihren eigenen Grund.

Warum ist für Sie der Beruf der Lehrkraft wundervoll?

....

....

....

Freiräume

Die eigenen Freiräume wahrnehmen

Lehrkräfte haben einen zerrissenen Arbeitstag: vormittags Arbeit vor Ort in der Schule, am Nachmittag und/oder Abend zu Hause, Gespräche mit Eltern sowie Elternabende on top. Dadurch ist viel Schule im Privaten und es herrscht mehr oder weniger eine durchgängige Arbeitsbelastung vor. Oftmals berichten Lehrkräfte nämlich davon, dass sie Mühe haben, einen zeitlichen Schlusspunkt hinter ihre heimischen schulischen Tätigkeiten zu setzen, weil *eigentlich immer was zu tun ist*. Nicht zuletzt sehen viele sich mit dem Vorurteil eines *überbezahlten Halbtagsjobs* und einem *halben Jahr Urlaub* konfrontiert. Obwohl sie eigentlich im Verborgenen sehr viel leisten und zudem noch in Konflikt mit sich selbst geraten, wenn sie ihre anderen Pflichten, wie den Haushalt, Familie, Hobbys, auch noch in ihren sowieso schon sehr vollen Tag zu integrieren versuchen.

Dieses Kapitel soll Sie ermutigen, die Gegebenheiten des Berufs als Lehrkraft ohne schlechtes Gewissen für sich zu nutzen. Sie müssen nicht gegen den Ruf des *faulen Sacks* arbeiten. Außerdem erhalten Sie wertvolle Tools, die Ihnen helfen, aus der Mental-Load-Falle heraus- oder erst gar nicht hineinzukommen.

> Das sagt eine Lehrkraft …
> *Ich schätze die Freiheit bei der Klassenraumgestaltung und allgemein bei der täglichen Arbeit im Klassenzimmer.*
>
> Lehrerin, 39 Jahre alt, 13 Dienstjahre

Erinnern Sie sich noch daran, wie Sie nach dem Referendariat das erste Mal in Ihrer eigenen Klasse standen und völlig in Ruhe den Unterricht machten, der Ihnen gefiel? Die völlige Freiheit, wie Sie sowohl Ihren Klassenraum als auch den Unterricht gestalten, ist doch eine wundervolle Seite am Job der Lehrkraft. Da gebe ich der Lehrkraft im Zitat absolut recht.

Freiräume wahrnehmen

Es gibt in Deutschland keine zentralen Vorgaben zum Ablauf des Unterrichts. Weder Schrift noch Schulbuch noch die Unterrichtsmethode sind vorgeschrieben. Ihnen stehen – von schulinternen Absprachen, festen Terminen, wie z. B. den Vergleichsarbeiten – sämtliche kreative Möglichkeiten zur Gestaltung Ihres Unterrichtes offen, solange Sie den Leitlinien im Lehrplan folgen. Machen Sie sich das immer wieder bewusst, wenn Sie sich über dieses und jenes beschweren möchten, was gerade aktuell nicht so super läuft.

Sehen Sie Ihre Unterrichtsvorbereitung deshalb nicht als anstrengendes Übel, sondern als Vorteil Ihres Berufs. Nutzen Sie Ihre Chance, sich den Schülerinnen und Schülern, Eltern und Ihrem Kollegium so zu zeigen, wie Sie es möchten. Treten Sie als von ihren Fächern begeisterte Lehrkraft auf, die Ihren Beruf mit viel Freude und Selbstsicherheit ausübt. Denken Sie dabei ruhig unkonventionell und kreativ und halten Sie es wie eine meiner befragten Lehrkräfte:

> *Mein Unterricht muss bunt sein.*
>
> Lehrerin, 29 Jahre alt, drei Dienstjahre

 Geteilter Arbeitsplatz und teilgebundene Arbeitszeit als Chancen

> Das sagt eine Lehrkraft …
>
> *Ich habe mich lange Zeit nicht getraut, am Nachmittag spazieren zu gehen, weil ich mir sagte: „Was denken denn da die Leute?" Dass ich fast täglich bis 23 Uhr am Schreibtisch saß, wussten sie ja nicht. Aber irgendwann rechtfertigte ich mich nicht mehr dafür, wenn ich mir am Nachmittag eine Erholungspause gönnte.*
>
> Lehrer, 43 Jahre alt, 17 Dienstjahre

Freiräume wahrnehmen

Die Tatsachen, dass sie am Vormittag in der Schule und am Nachmittag oder Abend im heimischen Arbeitszimmer sitzen und dass das Schuljahr mehrmals von Ferien durchzogen wird, bereitet vielen Lehrkräften ein schlechtes Gewissen. Aber wieso eigentlich? Sehen Sie dies stattdessen als Begleiterscheinungen Ihres Berufes an, für die Sie sich nicht zu rechtfertigen brauchen. So schreibe ich diese Zeilen hier mit Meeresblick während meines Urlaubs an der Ostsee. Nebeneffekt meiner Arbeit als Autorin, die mit Laptop und ggf. Internet ausgestattet von überall aus und jederzeit machbar ist. Überlegen Sie mal: Eigentlich haben Sie als Lehrkraft doch ähnliche Ausgangsbedingungen, oder? Ja, Ihr Unterricht muss zu einer bestimmten Zeit an einem bestimmten Ort, nämlich der Schule, stattfinden. Sie müssen sich an Lehrpläne und schulischen Vorgaben halten. Dennoch können Lehrkräfte in weiten Teilen ihres Berufsalltags eigenverantwortlich arbeiten und selbstständige Entscheidungen treffen. So gestalten Sie Ihren Unterricht nach Ihren Vorstellungen, mit den Methoden, die Ihnen gefallen, und den Arbeitsmaterialien, die Ihnen zusagen.

> Eine große Besonderheit Ihres Jobs ist es, dass Sie Ihr Arbeitspensum an Vorbereitung, Nachbereitung und Organisation zeitlich und räumlich flexibel erledigen können, sofern Sie nicht an einer Ganztagsschule tätig sind oder feste Präsenzzeiten an der Schule haben. Nutzen Sie die Möglichkeit Ihrer eigenverantwortlichen Flexibilität. Wenn Sie sich erlauben, dabei groß und kreativ zu denken, werden sich höchstwahrscheinlich tolle Möglichkeiten und Freiräume ergeben, derer Sie sich bislang nicht bewusst waren oder an die Sie nicht zu denken wagten.

Freiräume wahrnehmen

◇ *Zeitliche Flexibilität während der Schulzeit:*

Die zeitliche Flexibilität, die Sie als Lehrkraft nach der Unterrichtszeit haben, bringt einige Vorteile mit sich:

- Die Sonne scheint? Dann verbringen Sie den Nachmittag doch mit Ihren Kindern im Freibad oder mit der Gartenarbeit und verlegen Sie hierfür die Korrekturen der Mathearbeit auf die Zeit nach dem Abendessen, wenn es etwas kühler ist.
- Ebenso können Sie auf kranke Kinder oder unvorhergesehene Termine, wie z. B. eine Autoreparatur, spontan reagieren, indem Sie Ihre schulische Arbeit auf den Abend verlegen.
- Sie können die Öffnungszeiten der Geschäfte recht flexibel nutzen und z. B. in den Discounter fahren, bevor die Sonderangebote, die es nur an speziellen Tagen gibt, ausverkauft sind.
- Für Behördengänge oder Arzttermine müssen Sie sich keinen Urlaub nehmen.
- Anders als Leute, die bei der Arbeit nur eine Mittagspause haben, können Sie sich zu Hause für einen Mittagsschlaf hinlegen.
- Sie korrigieren, wann es Ihnen zeitlich passt, egal ob am Abend oder am Wochenende.

◇ *Räumliche Flexibilität*

- Überbrücken Sie Wartezeiten in Arztpraxen doch mit der Recherche nach Unterrichtsmaterial. Freies W-LAN vorausgesetzt.
- Warum das Tippen von Gesprächsprotokollen nicht in einem schönen Café erledigen? Macht die Aufgabe nicht schöner, aber die Laune definitiv besser.
- Je nachdem, was zu Hause noch anliegt oder welche Art der Vorbereitung ansteht, können Sie frei entscheiden, ob Sie an der Schule, sofern Sie dort einen ruhigen Arbeitsplatz haben, oder zu Hause arbeiten möchten.
- Unterrichtsvorbereitungen benötigen mitunter viel Platz, wenn Sie z. B. eine Lernwerkstatt vorbereiten und dafür viele Spielkärtchen ausschneiden, la-

Freiräume wahrnehmen

minieren müssen usw. Freuen Sie sich dann darüber, dass Sie die Sachen in halb fertiger Form in Ihrem Arbeitszimmer liegenlassen können und diese nicht wie in einem Großraumbüro zum Feierabend wegräumen müssen. Stattdessen können Sie die Tür hinter sich zu machen und die Arbeit zumindest für ein paar Stunden ungesehen machen.

 Flexibles Arbeiten während der Ferienzeit

> Das sagt eine Lehrkraft …
> *Ich versuche, durch eine gute Vorbereitung, auch in den Ferien, im Schulalltag möglichst entspannt zu sein.*
>
> Lehrerin, 45 Jahre, 18 Dienstjahre

Ein Schuljahr hat rund zwölf Wochen Ferien. Dabei handelt es sich um *unterrichtsfreie Zeit*. Die ist auf keinen Fall gleichzusetzen mit *Urlaub*. Während dieser Zeit sind Ihre Schülerinnen und Schüler nicht in der Schule und es finden höchstwahrscheinlich auch keine Elterngespräche statt. Dennoch haben Sie schulische Dinge zu tun. Aber Sie müssen nicht jeden Tag in der Schule anwesend sein. Vielleicht haben Sie von Ihrer Schulleitung vorgegebene Präsenzzeiten.

Insgesamt können Sie sich Ihre Zeit aber definitiv freier einteilen als während der laufenden Unterrichtszeit:
- Während der Schulzeit heftet man als Lehrkraft im Unterricht verwendetes Material oft nicht sofort ab. Auch Dokumente und Unterlagen vonseiten der Schulleitung oder der Schulverwaltung bleiben liegen. Nutzen Sie die ersten Ferientage, um den Papierkram in Ruhe zu sortieren und abzuheften.
- Elternabende, Schulveranstaltungen und Unterrichtspläne lassen sich entspannt in den Ferien planen.

Freiräume wahrnehmen

- Als Lehrkraft mit Kindern sind Sie im Gegensatz zu Angestellten mit Kindern, die eine begrenzte Urlaubstagezahl haben, in der glücklichen Lage, dass die Kinderbetreuung während der Ferien gesichert ist.
- Genau betrachtet, ergeben sich im Laufe eines Schuljahres wohl mindestens viermal Gelegenheiten, um echten Urlaub zu machen, also an einem anderen Ort ein paar Tage/Wochen am Stück aus der Arbeitsroutine herausgelöst zu sein.

Aus dem Nähkästchen geplaudert …

Sehen Sie die Ferientage ganz bewusst als Bonustage. Auch wenn Sie im Gegensatz zur landläufigen Meinung in den Ferien nicht 24/7 frei haben, so haben Sie an diesen Tagen dennoch weniger Stress als zu Schulzeiten. Nehmen Sie z. B. wahr, dass sie etwas länger schlafen oder ihren ersten Kaffee nicht in der großen Pause, sondern ganz in Ruhe zu Hause trinken können!

Ferien oder Urlaub?

Ferien sind *unterrichtsfreie Zeit*, was nicht gleichzusetzen ist mit *Urlaub* bei Arbeitnehmenden. Diese haben eine bestimmte Anzahl an Urlaubstagen, in der Regel 30 Tage, die sie nach ihrem eigenen Belieben im Laufe eines Jahres nehmen können. Hierzu bedarf es der Genehmigung durch die Chefin oder den Vorgesetzten. Lehrkräfte können innerhalb der Ferienzeiten frei entscheiden, wann Sie richtig Urlaub machen.

Freiräume wahrnehmen

 Berufliche Sicherheit

> Das sagt eine Lehrkraft ...
>
> *Das sichere Gefühl eines festen Jobs durch die Unkündbarkeit als Beamtin sowie die Sicherheit der Gehaltfortzahlung bei längerer Erkrankung und die weitreichende Kostenübernahme von medizinischen Leistungen der PKV beruhigt mich sehr.*
>
> Lehrerin, 38 Jahre alt, elf Dienstjahre

Sicherlich ärgern auch Sie sich ab und zu über Vorgaben Ihrer Schulleitung oder über neue Verordnungen des Kultusministeriums. Bei allem Verständnis sollten Sie aber nicht vergessen, was die Lehrkraft und einige andere in meiner Umfrage mit ähnlichen Worten ganz klar herausstellt: Die meisten Lehrkräfte haben den lebenslangen Status als Beamtin/Beamter. Gerade während der Coronakrise kamen viele Selbstständige an ihre finanziellen Grenzen. Die meisten Lehrkräfte hingegen müssen sich keine existenziellen Sorgen machen, die Miete oder Hypotheken nicht bezahlen zu können. Außerdem können Sie sicher sein, lebenslang einen Arbeitsplatz zu haben, denn weder eine Pleite des Betriebes noch eine Kündigung ist zu befürchten. Zwar können Sie für eine Weile an eine andere Schule abgeordnet werden, Ihr Gehalt und Ihre Tätigkeit bleiben dieselben. Alles in allem mehr als Grund genug für einen ruhigen Schlaf.

 Welche Gefahren bergen die Freiräume?

So schön die Flexibilität in Bezug auf Unterricht, Arbeitszeit und Arbeitsplatz auch ist, so gefährlich ist es auch, sich in der Planung zu verzetteln, sich in der Freizeit zu sehr mit Schule und zu wenig mit Erholung zu beschäftigen und durch die permanente Erreichbarkeit dank Schul-App und E-Mail-Postfach immer erreichbar zu sein.

Freiräume wahrnehmen

Im Folgenden gehe ich auf die Gefahren ein, die hinter *immer möglich* und *nie ist richtig Schluss* stecken und zeige Ihnen, wie Sie das Ganze entschärfen können.

 Mental Overload im Job der Lehrkraft

Während einer Schulstunde treffen Sie bis zu 200 Entscheidungen.[7] Im Laufe eines Schultages kommen da also so einige zusammen. Dazu kommen noch Entscheidungen in der Interaktion mit Kolleginnen und Kollegen. Viele davon spontan und ungeplant. Das erhöht den Stresspegel im Laufe des Vormittages immer mehr. Nach Schulschluss ist dann der mentale Overkill erreicht und wir möchten eigentlich nur noch nach Hause. Im schlimmsten Fall haben Sie dann aber noch ein Gespräch zwischen Tür und Angel mit dem Elternteil eines Schulkindes. Endlich zu Hause angekommen, möchten Sie eigentlich zur Ruhe kommen. Aber es gelingt Ihnen einfach nicht abzuschalten, weil da noch zu viel Schulisches vor sich hin rattert. Dazu gesellt sich noch eine Vielzahl an Pflichten und Terminen privater Natur. Während Sie also z. B. im Geist einerseits ein Elterngespräch führen, denken Sie andererseits daran, dass Ihr Sohn morgen im Kindergarten seine Gummistiefel benötigt und Sie fürs Abendessen noch ein Brot brauchen. Liegen Sie dann irgendwann endlich im Bett, schlafen Sie nicht ein, sondern denken darüber nach, was Sie eigentlich noch alles erledigen müssen.

Der Zustand, der in Ihrem, in meinem und in dem Kopf vieler Lehrkräfte herrscht, lässt sich mit dem Begriff des *Mental Load* zusammenfassen: Der Kopf ist übervoll mit großen und kleinen To-dos und Terminen, die alle unsere Aufmerksamkeit erfordern und unsere Energie benötigen.

---

[7] https://ave-institut.de/fuer-mehr-pausen-im-schulalltag/, 31.03.2024, 19:45 Uhr.

Freiräume wahrnehmen

Was ist eigentlich Mental Load ganz allgemein?

Mental Load ist nicht das To-do. Sondern alle Planungs- und Koordinierungsprozesse, die vor, während und nach einem To-do-Punkt stattfinden.[8] Patricia Cammarata

Damit wird die unsichtbare Belastung bezeichnet, der sich eine Person mental ausgesetzt fühlt, weil sie in einer Vielzahl an To-dos zu versinken droht. Dabei geht es vorrangig nicht um die eigentlichen Termine, berufliche Pflichten und häusliche Tätigkeiten, sondern vor allem um das ganze Drumherum, das an jedem To-do hängt – wie es Patricia Cammarata, Herausgeberin eines Buches zum Mental Load, auf den Punkt bringt. Während die Person eines ihrer To-dos erledigt, läuft in gedanklicher Dauerschleife nebenher schon die Planung, Koordination und Organisation zig anderer To-dos ab. Und dazu kommen dann noch unvorhergesehene Dinge, die mal eben *noch schnell nebenher* erledigt werden müssen. Langfristig führt dies zu Stress und schlussendlich zu mentaler Überbelastung, die dann in Gereiztheit, steigender Aggressivität, starker Müdigkeit, Versagensängsten oder im schlimmsten Fall in einem Burn-out mündet.

Entleeren Sie mit einem *Braindump*[9] Ihr Gehirn. Diese Methode hilft Managerinnen und Managern und ganz bestimmt auch Ihnen, Stress abzubauen, den Kopf wieder freizubekommen und die Gedanken zu sortieren. Folgen Sie hierzu den folgenden Anweisungen:

---

[8] https://ave-institut.de/mental-load-im-lehrerberuf/, 01.04.2024; 15:43 Uhr.
[9] https://www.impulse.de/selbstmanagement/braindump/7449527.html

Freiräume wahrnehmen

1. Notieren Sie mit einer jeweiligen Zahl: Das geht mir gerade durch den Kopf (Berufliches und Privates, Aufgaben, Ängste, Sorgen, Wünsche, Ideen):

   ....
   ....
   ....
   ....
   ....
   ....

2. Sortieren Sie diese Aspekte dann entsprechend der Felder. Geben Sie hierfür die entsprechende Zahl an.

Schule	Familie	Haushalt	Freizeit	Sorgen	Wünsche	Ideen

3. Kennzeichen Sie nun farbig, was Sie delegieren können (Blau), was Sie verschieben können (Grün), was Sie ggf. ganz streichen können (Rot).

4. Wie ausgeprägt ist Ihr persönlicher Stresspegel? Markieren Sie auf einer Skala von eins bis zehn (wobei eins wenig ausgeprägt und zehn stark ausgeprägt bedeutet):

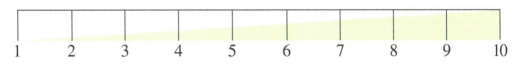

Freiräume wahrnehmen

> Das sagt eine Lehrkraft …
>
> *Ich wollte den Lehrerjob schon mal hinwerfen, denn ich stand kurz vor dem Burn-out und bekam keine Hilfe. War auf mich allein gestellt. Ich nahm mir eine Auszeit. Jetzt baue ich mir krafttankende Routinen in den Alltag ein. Mein Problem ist erledigt.*
>
> Lehrer, 32 Jahre, fünf Dienstjahre

Ufff … Dieses Statement eines jungen Kollegen stimmt nachdenklich. Er ist unter dem Riesenberg an beruflichen Aufgaben fast zusammengebrochen. Zum Glück hat er die Problematik erkannt und die richtigen Konsequenzen gezogen.

Geht es Ihnen vielleicht ähnlich? Wenn Mental Load überhandnimmt, steigt die innere Unruhe und die Sorge, etwas zu vergessen oder zu übersehen, schwebt permanent über einem. Die Gefahr steigt, dauerhaft gestresst zu sein. Das geschieht oftmals, ohne dass die betroffene Person es bemerkt. Denn die Krux an chronischem Stress ist, dass die Stressanzeichen nicht wahrgenommen werden, Sie aber auf lange Sicht körperlich und mental krank werden könnten. Warten Sie nicht auf den Holzhammer in Form von Ermüdung, Aggressivität oder gar einem Burn-out. Machen Sie stattdessen den Stresstest, um herauszufinden, welche Stressanzeichen bei Ihnen schon anklopfen und steuern Sie dann ggf. mit Übungen aus diesem Kapitel gegen. Der Test ist angelehnt an die Sammlung *mentaler Signale* von Bianca Kaminsky, deren Interview auf Seite 125 folgt.

 Laut WHO ist Stress die Gesundheitsgefahr Nr. 1 und wohl jede zweite Krankmeldung im Jahr 2020 ist auf Stress zurückzuführen.[10]

---

[10] https://www.cbs.mpg.de/selbststaendige-forschungsgruppen/social-stress-and-family-health, 31.03.2024, 20.04 Uhr.

Freiräume wahrnehmen

Wie ist es um Ihre persönliche Gefährdung bestellt? Finden Sie es heraus!

- Kreuzen Sie an: Was ist Ihnen im letzten Monat mehr als dreimal passiert?
  - ☐ Ich kam aus dem Grübeln nicht mehr heraus.
  - ☐ Ich konnte mich schlecht konzentrieren.
  - ☐ Ich konnte in der Freizeit schlecht abschalten und hatte die Schule immer mit dabei.
  - ☐ Ich hatte Schwierigkeiten damit, Entscheidungen zu treffen.
  - ☐ Ich habe Dinge vergessen zu tun, abzugeben, Termine verbummelt usw.
  - ☐ Es fiel mir schwer, mich auf etwas Neues einzulassen.
  - ☐ Ich hatte einen völligen Blackout.
  - ☐ Ich hatte Wortfindungsstörungen.
  - ☐ Ich war leicht reizbar.
  - ☐ Ich hatte Einschlaf- und/oder Durchschlafprobleme.

- Füllen Sie die Tabelle für einen normalen Wochentag während der Schulzeit aus:

Aufgabe	Stresst mich	Bringt mir gute Energie	Bringt mich zur Ruhe

Freiräume wahrnehmen

🫖 Sammeln Sie hier Ihre Energie- und Ruhegeber:

Gute Energie gibt mir …	Ich komme zur Ruhe …

🫖 Haben Sie eine Idee, durch welche Änderungen Ihre normalen (Schul-)Tage stressärmer werden können?

....
....
....
....
....

Aus dem Nähkästchen geplaudert …

Egal, wie viel Sie an einem (Schul-)Tag auch geschafft haben, am Ende bleibt in der Regel doch immer etwas übrig. Ich habe mir abgewöhnt, mich darüber zu ärgern, was ich nicht geschafft habe. Stattdessen schaue ich mir an, woran es lag. Vielleicht musste ich spontan ein krankes Kind zu Hause betreuen, erhielt ich den Anruf eines Elternteils eines Schulkindes oder dauerte das Bügeln einfach doch länger als gedacht. Ich habe nicht nichts gemacht. Und auch das ist ab und zu sehr in Ordnung. Mittlerweile gelingt es mir immer besser, mich darüber zu freuen oder sogar zu loben. Morgen ist auch noch ein Tag.

Eigene Freiräume schaffen

Das sagt eine Lehrkraft …

Ich glaube, wenn es mir gelingt, einen Schlussstrich zu ziehen, auch wenn ich immer noch etwas arbeiten könnte und ein gutes Zeitmanagement zwischen Arbeits- und Privatleben etabliere, werde ich auf Dauer eine gesunde und zufriedene Lehrkraft sein.

Lehrerin, 29 Jahre, drei Dienstjahre

In den Antworten aus meiner Umfrage tauchten immer wieder ähnliche Antworten wie diese hier auf, wenn es um den Punkt *langfristig gesund und zufrieden arbeiten* geht. Die Lehrkräfte führen des Weiteren auf:
- ein ausbalanciertes Verhältnis von Arbeit und Privatleben
- ein durchdachtes Zeitmanagement
- die Erlaubnis, Prioritäten zu setzen
- ein stabiles wohlwollendes Umfeld
- die Fähigkeit, sich gegenüber Kritik aus dem Kollegium, den Bekanntenkreis, der Gesellschaft abzugrenzen

Diese Schlagworte werden in diesem Kapitel mit Inhalt gefüllt und Sie erhalten ganz konkrete Tipps, mit denen Sie zu einer guten Work-Life-Balance finden und sich Ihre Motivation und Ihr Engagement für den Beruf der Lehrkraft erhalten und/oder zurückholen können.

Freiräume schaffen

Was heißt eigentlich *Work-Life-Balance*?

Der Begriff entstand schon in den 1990er-Jahren in den USA. Darunter versteht man ein ausgewogenes Verhältnis zwischen Privatleben und Beruf. Beruflicher Einsatz, private Angelegenheiten und Ruhepausen befinden sich demnach im Gleichgewicht. Das Prinzip geht davon aus, dass sich bei einer Ausgewogenheit sowohl Gesundheit und Wohlbefinden als auch Kreativität und Produktivität steigern.

Im Juni 2019 hat die EU-Kommission eine Work-Life-Balance-Richtlinie beschlossen, die die Vereinbarkeit von Beruf und Privatleben für Eltern und pflegende Angehörige zum sozialen Recht erklärt[11].

 Prioritätenranking

Das sagt eine Lehrkraft …

Ich habe mit den Jahren gelernt, in manche Dinge nicht zu viel Energie zu stecken, weil ich manches schlichtweg nicht ändern kann. Ich frage mich immer häufiger: Lohnt es sich?

Lehrer, 45 Jahre alt, 18 Berufsjahre

Sicher: Wir alle haben nun mal Pflichten, Termine und Aufgaben, die wir erledigen müssen. Allerdings haben bei näherer Betrachtung nicht alle Aufgaben, die wir auf unsere To-do-Liste setzen, dieselbe Wichtigkeit und müssen unmittelbar abgearbeitet werden. Das hat die Lehrkraft genau richtig erkannt. Es ist völlig in Ordnung, wenn Sie Prioritäten festlegen und Ihre To-dos nach Dringlichkeit und Wichtigkeit sortieren und dabei manches komplett wegstreichen. Ich bediene mich dabei der Eisenhower-Matrix.

---

[11] https://www.drda.at/a/385_INFAS_45/Work-Life-Balance-Richtlinie-Ein-Schritt-in-Richtung-sozialeres-Europa, 01.04.2024, 15:50 Uhr.

Freiräume schaffen

Was ist denn bitte die Eisenhower-Matrix?

Die Eisenhower-Matrix, auch unter Eisenhower-Prinzip, Eisenhower-Methode und Dringend-Wichtig-Matrix bekannt, ist eine Methode zur Einschätzung von Aufgaben, mit der Aufgaben nach Dringlichkeit und Wichtigkeit in vier Gruppen geordnet und priorisiert werden. Dadurch kristallisiert sich heraus, was zuerst erledigt werden muss und welche Aufgaben auf später verschoben, delegiert oder verworfen werden können. Das System hat seinen Namen vom US-Präsidenten Dwight D. Eisenhower, der in einer Rede im Jahr 1954 einen namentlich nicht genannten Universitätsprofessor zitierte, der seine Probleme kategorisierte.[12]

„Ich habe zwei Arten von Problemen, die dringenden und die wichtigen. Die dringenden sind nicht wichtig und die wichtigen sind nie dringend." [13]

(Zitat aus der Rede von Präsident Eisenhower 1954)

---

[12] https://asana.com/de/resources/eisenhower-matrix, 01.04.2024, 16:09 Uhr.
[13] ebd.

Freiräume schaffen

Die Matrix sähe auf den Beruf der Lehrkraft übertragen in etwa so aus:

Sehr hohe Priorität:	dringend und wichtig	Die Sache muss sehr bald / sofort erledigt werden.	30 % der Aufgaben	Projektplanungen, Fortbildungen, Klärungsgespräche mit Eltern, Kolleginnen/Kollegen, der Schulleitung bei akuten Problemen
Hohe Priorität:	durchschnittlich dringend und durchschnittlich wichtig	Die Aufgaben sollten terminiert und dann erledigt werden, sonst erhalten sie ungewollt sehr hohe Priorität.	50 % der Aufgaben	Unterrichtsplanung, Planung von Elterngesprächen, Konferenzen, Klassenarbeiten planen
Mittlere Priorität:	nicht allzu wichtig, aber kontinuierlich dringend	Die Aufgaben müssen zeitnah erledigt werden, können aber mit Kollegen/ Kolleginnen geteilt oder auch delegiert werden	20 % der Tätigkeiten	Hausaufgabenkontrolle, Aufräumen, Sortieren, kurze Absprachen über Stundenplanänderungen, Pausenaufsichten usw.
Niedrige Priorität:	nicht wichtig und nicht dringend	also aufschiebbar, oder mitunter ganz zu verwerfen		Anpassung von vorhandenen Arbeitsblättern …

So entsteht eine Art Ranking und Sie erkennen, wo Sie in Ihrem Tag Zeit einsparen könnten, weil Sie etwas nicht sofort erledigen müssen, dafür für etwas Dringenderes sofort Zeit finden. Vielleicht notieren Sie Ihre ganz persönliche Eisenhower-Matrix direkt auf der folgenden Seite?

Freiräume schaffen

Sehr hohe Priorität:	dringend und wichtig	
Erledige ich bis …		
Hohe Priorität:	durchschnittlich dringend und durchschnittlich wichtig	
Erledige ich bis …		
Mittlere Priorität:	nicht allzu wichtig, aber kontinuierlich dringend	
Erledige ich bis …		
Niedrige Priorität:	nicht wichtig und nicht dringend	
Erledige ich bis …		

Freiräume schaffen

> Ziel soll es sein, die Prioritäten so zu setzen, dass Sie möglichst effektiv mit Ihrem Kraftkontingent haushalten können und am Ende des Tages zufrieden, aber nicht völlig ermattet, auf das von Ihnen im Job Geleistete zurückschauen und noch einen Rest Kraft für Haushalt, Partnerin/Partner, Hobbys und Co. haben.

Hier das Beispiel der Prioritätenliste einer Lehrkraft einer dritten Klasse für die kommende Woche:

- *Sehr hohe Priorität:* die Vorbereitung für die Mathearbeit, die Terminabsprache für die Fahrradprüfung und das Einsammeln der Anmeldungen für den Wandertag
- *Hohe Priorität:* Die Matheklassenarbeit kann noch zwei Tage liegen bleiben, aber dann muss ich sie korrigieren, denn die Zeugniskonferenzen stehen an.
- *Mittlere Priorität:* Zwei weniger wichtige Elterngespräche habe ich um eine Woche verschoben, für ein sehr dringendes schon einen Termin ausgemacht.
- *Niedrige Priorität:* Zum Sortieren und Verräumen meiner Unterlagen aus den letzten Schultagen verziehe ich mich an den ersten beiden Ferientagen ins Arbeitszimmer.

Freiräume schaffen

Was steht bei Ihnen nächste Woche an? Machen Sie Ihr persönliches Prioritätenranking:

	Aufgabe	Bis wann	Kann ich abgeben an
Sehr hohe Priorität:			
Hohe Priorität:			
Mittlere Priorität:			
Niedrige Priorität:			

Freiräume schaffen

> **Aus dem Nähkästchen geplaudert …**
>
> Bis zu meiner Krebsdiagnose war ich ein absoluter Kontrollfreak. Fiel ich krankheitsbedingt oder wegen einer Fortbildung in der Schule aus, lieferte ich meinen Kolleginnen und Kollegen Material, erkundigte mich danach, wie es gelaufen ist und war so, trotz Abwesenheit, weiterhin mitten im Geschehen. Die Zeit der Erkrankung lehrte mich, dass ich ersetzbar bin, dass andere meinen Job vielleicht anders, aber dennoch genauso gut (oder sogar besser!) machen als ich. Wieder zurück im Schuldienst fällt es mir nun viel leichter, Dinge zu delegieren und darauf zu vertrauen, dass sie dennoch gut laufen werden.

To-do-Listen haben ihre Berechtigung und sind sogar ein gutes Hilfsmittel, um bei den vielen Aufgaben, die man im Laufe eines Tages zu bewältigen hat, nicht den Überblick zu verlieren. Ich stelle mir meine To-do-Liste seit einer Weile nicht mehr für einen Tag, sondern für eine ganze Schulwoche zusammen. Das reduziert den Druck und ich kann jeden Tag mit einem guten Gefühl in den Feierabend gehen, weil ich auf jeden Fall ein paar Dinge abhaken konnte. So bleibt mein sprichwörtliches halb leeres Glas immer halb voll und ich halte meinen Stresspegel relativ niedrig.

 Sonntagsplanung

Damit Sie am Montag nicht mit voller Wucht von Arbeit, Stress und Organisation überfallen werden, bietet es sich an, einen Teil der Planung für die Schulwoche schon am Wochenende in Angriff zu nehmen:

- Notieren Sie sich zunächst all das, was noch von letzter Woche übrig geblieben ist.
- Schreiben Sie dann auf, was in der kommenden Woche schulisch gesehen wichtig ist: Unterrichtsplanung, bereits feststehende Elterngespräche, Termine mit Kolleginnen und Kollegen, Nachmittagstermine, wie z. B. Konferenzen oder Teambesprechungen, Korrekturen, Zeiten zur Beantwortung von E-Mails.

Freiräume schaffen

- Halten Sie dann Ihre privaten Termine fest: Sport, Treffen mit Freundinnen und Freunden, Termine Ihrer Kinder usw.
- Tragen Sie nun sämtliche schulische und private Aufgaben in einen Kalender oder Wochenplaner ein. Bleiben Sie hier sehr konkret: z. B. Mittwoch, 14 Uhr bis 15:30 Uhr Korrektur der Mathearbeit der 4. Klasse.
- Bauen Sie unbedingt auch einen Puffer ein, damit Sie von Unvorhergesehenem nicht zu sehr überrannt werden oder in Stress geraten, wenn sich etwas verschiebt.

Aus dem Nähkästchen geplaudert …

Ich mache meine Planungen und Vorbereitungen am liebsten am Samstag oder spätestens am Sonntagvormittag. So kann ich mit einem guten Gefühl, weil alles für die neue Woche fix und fertig ist, den restlichen Sonntag mit privaten Freizeitdingen verbringen.

Handy, Internet und Social Media

Das sagt eine Lehrkraft …
Ich bin nicht mehr ständig erreichbar. Ich nehme mir bewusst den Sonntag frei und schalte im Urlaub inzwischen das Handy aus.

Schulleiterin einer Grundschule, 49 Jahre, 20 Dienstjahre

E-Mails von Eltern, Nachrichten über die Schul-App, Telefonate und persönliche Elterngespräche gehören zum Beruf einer Lehrkraft. Sie müssen aber nicht unmittelbar beantwortet, innerhalb von 24 Stunden geführt und auch nicht an jedem Tag in der Woche möglich sein. Sie dürfen eine persönliche Erreichbarkeit festlegen:

Freiräume schaffen

- Teilen Sie den Eltern feste Kontaktzeiten mit, zu denen Sie telefonisch erreichbar sind.
- Legen Sie für sich ein Zeitfenster für E-Mails oder digitale Nachrichten fest, innerhalb dessen Sie diese beantworten.
- Geben Sie für Elterngespräche Sprechzeiten nach Absprache, z. B. zwischen 16 und 19 Uhr an. Kommen Sie Eltern aber entgegen, wenn diese aufgrund beruflicher oder privater Verpflichtung nur anderweitig Zeit haben. In der Regel ist das nicht so oft der Fall.
- Beantworten Sie Nachrichten, die Sie nach 19 Uhr erreichen, erst am darauffolgenden Tag und solche, die am Wochenende kommen, erst am Montag.
- Überlegen Sie, sich Schulmails nur auf Ihren Computer, aber nicht auf das Handy schicken zu lassen. Ebenso kann es nutzwertig sein, die Schul-App nicht auf dem Handy zu installieren und/oder die Mitteilungsfunktion auf stumm zu stellen.
- Sorgen Sie unbedingt für technologiefreie Zonen, in denen Sie keinen Zugriff auf Ihr Smartphone haben, z. B. beim Gassigehen mit Ihrem Hund, im Schwimmbad oder Fitnessstudio.

Manchmal ist es durchaus sinnvoll, eine Sache direkt zwischen Tür und Angel noch zu besprechen. Dann ist sie schnell aus der Welt geschafft und beide Seiten sind beruhigt. Wenn Sie aber in Eile sind, der Vormittag Sie völlig geschafft hat oder wenn Sie das Gefühl haben, dass die Sache eben nicht schnell aus der Welt ist, dann ist es durchaus berechtigt, freundlich, aber bestimmt *Nein* zu sagen. Signalisieren Sie dann Ihre Bereitschaft und Zugewandtheit, indem Sie einen Telefontermin am Nachmittag vorschlagen. Bestimmt ist dies für Ihr Gegenüber akzeptabel und birgt für Sie selbst die Möglichkeit einer kurzen Verschnaufpause. Das zeigt zum einen professionelle Hingabe zum Beruf und zum anderen Selbstliebe: Sie nehmen sich selbst Zeit und geben dem Gegenüber Zeit für ein Gespräch in Ruhe.

Freiräume schaffen

◆ *Echte Auszeit am Wochenende*

> Das sagt eine Lehrkraft …
> *Nachdem ich es jahrelang nicht geschafft habe, am Wochenende schulfrei zu haben, nehme ich mir seit diesem Schuljahr ganz bewusst den Sonntag frei. Es gelingt mir so ganz gut, weniger bis gar nicht an die Schule zu denken.*
>
> Lehrerin, 44 Jahre alt, 17 Dienstjahre

Endlich Wochenende, endlich frei. Oder sind Sie eher der Typ Lehrkraft, der auch am Wochenende sehr viel an die Schule denkt? Wie können Sie es schaffen, aus dem schulischen Gedankenkarussell auszusteigen? Probieren Sie es doch mal so:

- Halten Sie ganz bewusst einen Teil des Wochenendes frei. Während dieser Zeit bleibt die Arbeitszimmertür zu und es werden keine E-Mails von der Schule beantwortet. Sie kümmern sich stattdessen um Ihre Hobbys, Ihre Familie und um sich. Die meisten Arbeitnehmerinnen und Arbeitnehmer machen das auch so.
- Machen oder erleben Sie das Gegenteil von dem, was Sie unter der Woche gemacht oder erlebt haben. Sie waren kaum draußen? Dann machen Sie eine Wanderung, eine Radtour, gehen Sie ins Straßencafé. Sie hatten viele Gespräche und Zusammenkünfte mit anderen Menschen? Dann schaffen Sie sich Momente nur für sich allein.

✎ Ganz spontan: Was macht Ihnen Spaß?

....

....

Machen Sie das doch gleich am kommenden Wochenende (mal wieder)!

Freiräume schaffen

 Sie sind nicht allein

> Das sagt eine Lehrkraft …
>
> *Die Gespräche über Probleme im Unterricht, die ich in der Pause mit meinen Kolleginnen und Kollegen führen kann, befreien mich. Auch meine unkomplizierte Schulleitung und nicht zuletzt die herzliche Sekretärin helfen mir, um all den Stress, den Lärm, die manchmal nervigen oder teils auch echt übergriffigen Eltern zu „ertragen".*
>
> Grundschullehrer, 48 Jahre, 20 Dienstjahre

Während Lehrkräfte dazu angehalten werden, ihre Schülerinnen und Schüler in ihrer Teamfähigkeit zu stärken, um sie optimal auf den modernen Arbeitsmarkt vorzubereiten, sind sie selbst meist als Einzelkämpfende unterwegs und die im Zitat dargestellten Situationen sind leider Ausnahmen. Laut einer Forsa-Umfrage zur Kooperation unter Lehrkräften, die von der Deutschen Schulakademie in Auftrag gegeben wurde, wünschen sich lediglich 41 % mehr Zusammenarbeit im Kollegium[14]. Die zitierte Lehrkraft stellt also eine Ausnahme dar.

Das ist schade, denn die Teamarbeit im Kollegium und ein gegenseitiges Wohlwollen bietet Lehrkräften viele Vorteile:

- <u>Arbeitserleichterung</u>: Haben Sie eine Person im Kollegium, die dieselbe Klassenstufe wie Sie unterrichtet? Dann könnten Sie doch gemeinsam Stoffeinheiten planen und jede/jeder übernimmt dann die detaillierte Planung einzelner Stunden.
- <u>Zeitliche Entlastung</u>: Alternativ könnte jede/jeder von Ihnen ausgewählte Reihen vorbereiten und Sie dann der jeweils anderen Person zur Verfügung stellen. Das entlastet Sie zeitlich.
- <u>Mentale Entlastung</u>: Sie müssen nicht alles allein entscheiden, sondern können im Kollegium fragen, wie andere dieses handhaben, jenes organisieren usw.

---

[14] https://www.bosch-stiftung.de/de/news/viele-lehrkraefte-sind-einzelkaempfer, 01.04.2024, 17:28 Uhr.

Freiräume schaffen

- Lernen am Modell: Vielleicht können Sie in Absprache mit Ihrer Schulleitung gegenseitige Hospitationen organisieren? Sehen Sie das Feedback Ihrer Kolleginnen und Kollegen dabei als Bereicherung. So können Sie mit der Hilfe anderer Fehler erkennen und sie gezielt verbessern.

Aus dem Nähkästchen geplaudert …

Auch wenn Fachleute wie Heinz-Peter Meidinger, Präsident des Deutschen Lehrerverbandes, in der Kooperation ein Kennzeichen innovativen Unterrichts und guter Schule sehen[15], scheitert die Sache am zeitlichen Faktor. Aufgrund der Stundenplangestaltung ist es meist nicht möglich, während der Schulzeit gemeinsame Zeitfenster zu finden. Vielleicht lässt sich bei einer der nächsten Konferenzen anregen, Teamarbeitszeiten fest in den Stundenplan bzw. das Unterrichtsdeputat zu integrieren.

 Organisieren Sie sich gut

Im Laufe eines Schuljahres sammelt sich einiges an Papier und Material an. Die meisten Lehrkräfte neigen dazu, das meiste aufzubewahren, weil man es ja irgendwann noch mal brauchen könnte. So entstehen in kurzer Zeit unübersichtliche Papierstapel und aufeinandergestapelte Kisten. Vielleicht suchen auch Sie ab und zu hektisch nach einem Dokument, müssen ein Arbeitsblatt erneut kopieren, weil Sie nicht mehr wissen, wo Sie den kopierten Stapel abgelegt haben oder Sie haben schon mal Materialien, die im letzten Schuljahr so toll angekommen sind, ein zweites Mal ausgedruckt und laminiert, weil Sie sie nicht mehr gefunden haben. Dies führt zwangsläufig zu vermeidbarem Stress und unnötigem Zeitaufwand.

---

[15] https://deutsches-schulportal.de/schulkultur/forsa-umfrage-viele-lehrkraefte-sind-immer-noch-einzelkaempfer/, 01.04.2024, 17:35 Uhr.

Freiräume schaffen

Etablieren Sie unbedingt ein Ordnungssystem, um sich nicht irgendwann im Chaos Ihres Arbeitszimmers zu verlieren:

- Legen Sie pro Fach und Schuljahr einen Ordner an, in dem Sie die wichtigen Materialien abheften: Arbeitsblätter, die Sie erneut verwenden möchten, Beispiele von Arbeiten Ihrer Schulkinder etc.
- In Hängeschränken können Sie die Materialien platzsparender sammeln.
- Alternativ können Sie auch einen Karton oder eine durchsichtige Kiste pro Fach einsetzen, wenn Sie nicht nur Papier, sondern auch Lernspiele o. Ä. benutzen. *Vorteil*: Sie sehen, was sich darin befindet, ohne sie öffnen zu müssen.
- Gehen Sie hierzu auch ins Gespräch mit Kolleginnen und Kollegen: *Wie machst du das?*
- Nehmen Sie sich mindestens einmal pro Woche Zeit, um Dinge einzuheften oder auszusortieren.
- Das Adlersystem kann Ihnen dabei helfen, dauerhaft Chaos von Ihrem Schreibtisch zu beseitigen. Hierbei packen Sie alle Gegenstände, Dokumente und Bücher, die sich auf und/oder im Schreibtisch befinden, in einen großen Karton. Diesen stellen Sie in Reichweite des Schreibtisches auf. Starten Sie mit Ihrer Arbeit und holen Sie die Gegenstände aus dem Karton heraus, die Sie dafür benötigen, z. B. einen Kuli, ein bestimmtes Buch, einen Collegeblock etc. Alles, was nach einer Schulwoche noch im Karton liegt, hat nichts auf Ihrem Schreibtisch zu suchen und kann weggeräumt werden.[16]
- Sorgen Sie für genügend Stellraum und Ablageflächen in Regalen und Schränke, um Ihre Materialien geordnet aufbewahren zu können.

---

[16] https://eduki.com/de/post/163, 01.04.2024, 18:45 Uhr.

Freiräume schaffen

> **Aus dem Nähkästchen geplaudert …**
>
> Seitdem ich Kinder habe, schaffe ich es während der Schulzeit nicht gut, regelmäßige Aufräumzeiten einzulegen. Deshalb mache ich zu Beginn der Sommerferien immer ein *Großreinemachen*. Hierbei nehme ich mir dann ausgiebig Zeit, um zu sichten, zu ordnen und auszusortieren, was sich im Laufe des vergangenen Schuljahrs angesammelt hat. So kann ich dann am Ende der Ferien innerlich und äußerlich geordnet in die Vorbereitungen für das neue Schuljahr gehen.

 Pausen über Pausen

> *Lehrerzimmer gleichen einem Taubenschlag. Hundert Kolleginnen und Kollegen tummeln sich hier in der Pause. Einige laufen hektisch mit einer Tasse Tee zum Kopierer, andere brüten über der Unterrichtsvorbereitung, manche führen Telefonate, um die nächste Klassenfahrt zu organisieren und wiederum andere reden mit Kolleginnen und Kollegen und beißen dabei in ihre Stulle, während via Lautsprecher Schulsanitäter zu ihrem nächsten Einsatz gerufen werden. Keine Spur von Erholung.*[17]

Im lauten und hektischen Schulalltag sind echte Pausen für die Lehrkräfte selten ein erreichbarer Luxus: Sie haben keine Möglichkeit, eine echte Pause zu machen. Stattdessen klären sie, wie im Zitat beschrieben, in der Pause Dinge mit Kolleginnen und Kollegen, kopieren Unterrichtsmaterial für die nachfolgenden Stunden, haben Pausenaufsicht auf dem Schulhof, je nach Größe des Kollegiums sogar mehrmals pro Woche, oder müssen während ihrer Pause an einen der Schule zugehörigen Teilstandort fahren, um dort zu unterrichten.

---

[17] https://www.yoga-aktuell.de/gesundheit-und-ayurveda/achtsamkeit/lehrergesundheit-yoga-und-achtsamkeit-fuer-lehrer/, 01.04.2024, 18:50 Uhr.

Freiräume schaffen

 Aus dem Nähkästchen geplaudert …

Versuchen Sie, Ihren Unterricht möglichst am Vortag vorzubereiten, um in der Pause nicht *noch schnell* die Arbeitsblätter kopieren zu müssen. Es ist zudem sinnvoll, bei größeren Vorhaben, wie z. B. einer Lernwerkstatt mit vielen Stationen und Materialien, den Klassenraum im Vorhinein vorzubereiten. Dann kann der Fokus am Schultag auf dem Unterricht liegen. Denn dieser birgt auch so noch verschiedene *Könnten Sie mal kurz? …-* oder *Hast du mal eine Minute Zeit …-Momente*.

 Achtsame Minipausen am Schulvormittag

Leider haben Lehrkräfte oftmals keine echte Pause, in der sie wirklich nichts zu tun haben, außer ihr Pausenbrot zu genießen. Es bleibt also oftmals wenig Zeit, um zwischendurch mal Luft zu holen, Kraft zu tanken und (wieder) bei sich zu sein. Studien zufolge ist die Herzfrequenz von Lehrkräften in den Pausen sogar am höchsten[18]. Das ist alarmierend und auf längere Sicht absolut krank machend. Denn eigentlich braucht unser Körper alle 70 bis 80 Minuten eine 25-minütige Erholungspause.[19]

Legen Sie immer wieder Minipausen ein. Indem Sie sich für eine Weile ganz auf den Moment fokussieren, halten Sie bewusst inne und geben Ihrem Geist und Ihrem Körper eine Ruhepause. Hier ein paar Anregungen:
- Lassen Sie kaltes Wasser über Ihre Hände laufen und spüren Sie bewusst das erfrischend kalte Gefühl.
- Stecken Sie sich ein Foto Ihrer Familie, Ihrer Partnerin / Ihres Partners in Ihre Schultasche. Schauen Sie während der Pause kurz darauf und denken Sie an Ihre Liebsten.

---

[18] https://www.psychologie-heute.de/beruf/artikel-detailansicht/40317-wie-koennen-lehrer-gesund-bleiben.html, 02.04.2024, 10:45 Uhr.
[19] https://ave-institut.de/fuer-mehr-pausen-im-schulalltag/, 02.04.2024, 10:55 Uhr.

Freiräume schaffen

- Gähnen Sie einmal herzhaft.
- Schicken Sie eine Sprach- oder Textnachricht an eine geliebte Person.
- Ziehen Sie im Sitzen die Fußspitzen unter angespannter Bein- und Gesäßmuskulatur an.
- Achten Sie beim Weg von einem Klassenraum zum nächsten einmal ganz bewusst auf die Bewegung Ihrer Füße. Spüren Sie, wie Ihre Fußballen auf dem Boden aufkommen. Wie Sie die Ferse heben und senken. Vielleicht zählen Sie auch die Schritte.
- Machen Sie eine One-Minute-Meditation[20]. Nehmen Sie sich 60 Sekunden Zeit, in denen Sie die Augen schließen und einfach nichts tun, außer zu atmen.
- Halten Sie Ihre Kaffeetasse während der Pause bewusst mit beiden Händen fest. So bleibt keine Hand frei, um etwas zu korrigieren, kopieren o. Ä.

Los geht's: Suchen Sie sich eine Minipause aus, die Sie gleich morgen in Ihren Schulvormittag einbauen werden! Notieren Sie auch wann und wo Sie diese umsetzen möchten.

---

[20] https://www.resilienz-akademie.com/one-minute-meditation/, 02.04.2024, 11:05 Uhr.

Freiräume schaffen

> **Aus dem Nähkästchen geplaudert …**
>
> Im Laufe eines Tages nimmt man oft unbewusst eine verkrampfte Haltung ein. Ich habe mir angewöhnt, immer wieder bewusst in mich hineinzuspüren: Wie stehe oder sitze ich? Dann korrigiere ich meine Haltung und habe in Sekundenschnelle etwas Entspannung gewonnen.
>
> Weitere Fragen, die Sie sich stellen können, sind:
> - Sind die Knie durchgestreckt? Beugen.
> - Sind die Schultern hochgezogen? Fallen lassen.
> - Befinden sich die Füße komplett auf dem Boden? Perfekt.

Schauen Sie doch gleich mal genau hin: Wie stehen oder sitzen Sie gerade?

....

....

....

◆ *Pausen während des Unterrichts*

Selbstverständlich liegt der Fokus im Unterricht auf Ihren Schülerinnen und Schülern sowie deren Lernentwicklung. Dennoch ist es möglich, sich während des Unterrichts kurz zurückzunehmen, z. B.:

- Sie müssen in Stillarbeitsphasen nicht zwingend die ganze Zeit durch den Klassenraum gehen und schauen, ob es bei allen Kindern läuft. Arbeitet die Klasse konzentriert, so können Sie durchaus – ohne schlechtes Gewissen – in Ruhe an Ihrem Pult einen Klassenbucheintrag machen, sich Beobachtungen notieren oder Ihr Pult aufräumen. Wenn Fragen auftauchen, werden die Schülerinnen und Schüler sich sicherlich bemerkbar machen. Unterbrechen Sie Ihre Arbeit in jedem Fall, wenn ein Kind Ihre Hilfe braucht.

Freiräume schaffen

- Nutzen Sie Angebote, die Sie Ihren Schülerinnen und Schülern im Rahmen der Konzentrationsförderung oder des Sozialtrainings anbieten, z. B. Erzählrunde, Igelballmassagen, auch für Ihr eigenes Sichsammeln, Zur-Ruhe-Kommen.
- Nehmen Sie sich während einer Arbeitsphase, in der alle Schülerinnen und Schüler beschäftigt sind, einen Moment Zeit, um den Klassenraum mit Ihren Augen zu scannen. Achten Sie auf Farben und Formen. Fällt Ihnen etwas auf, das Ihnen vorher noch nie aufgefallen ist?

Was ist eigentlich Achtsamkeit?

Der Begriff *Achtsamkeit* ist in Mode. Er bedeutet, mit seinem Körper und den Gedanken komplett im Hier und Jetzt zu sein. Er stammt aus dem Buddhismus, in dem Meditationen sehr bedeutsam sind. Jeder Meditation liegt eine achtsame Haltung zugrunde. Die positive Wirkung von Achtsamkeit ist mittlerweile sogar wissenschaftlich belegt. Achtsames Verhalten lässt sich trainieren. Regelmäßige Achtsamkeitsübungen – unter professioneller Leitung oder im Alltag – führen langfristig zu mehr Zufriedenheit und Freude im Leben.[21]

 Machen Sie eine echte Pause in der Schule

Je nachdem, wie an Ihrer Schule die Pausen geregelt sind, verbringen Ihre Schülerinnen und Schüler jeden Schultag eine oder zwei Pausen, in denen Sie etwas essen, mit Ihren Schulfreundinnen und -freunden reden, sich an der frischen Luft bewegen. Für Lehrkräfte ist dies meist nicht realisierbar. Aber vielleicht schaffen Sie es zweimal die Woche eine echte Pause in den Schulvormittag einzubauen, in der Sie nicht mit schulischen Dingen beschäftigt sind, sondern in Ruhe etwas essen, lockere Unterhaltungen führen, sich bewegen oder einfach mal zehn Minuten nichts tun.

---

[21] https://www.planet-wissen.de/gesellschaft/psychologie/achtsamkeit/index.html, 02.04.2024, 15:14 Uhr.

Freiräume schaffen

 Ist es möglich, dass Sie zweimal die Woche eine echte Pause für sich realisieren können?

☐ Ja.   ☐ Nein.

Hier ein paar Tipps:
- Gehen Sie mit Ihrer Lunchbox auf den Pausenhof. Somit entziehen Sie sich Gesprächen im Lehrerzimmer, schnappen frische Luft und sind in Bewegung.
- Haben Sie eine Lieblingskollegin / einen Lieblingskollegen, mit der/dem Sie auch privat zu tun haben? Dann gehen Sie doch gemeinsam mit ihr/ihm ein paar Schritte und führen Sie ein privates Gespräch.
- Alternativ können Sie auch im Klassenraum bleiben und dort essen und trinken. Sie sind nicht verpflichtet, Ihre Pause im Lehrerzimmer zu verbringen.

 Aus dem Nähkästchen geplaudert …

Eine normale Pause bei mir im Kollegium – vielleicht auch bei Ihnen? – sieht oft so aus: Zwei Kolleginnen und/oder Kollegen unterhalten sich, der Rest ist mit dem Handy beschäftigt. Ich habe mir angewöhnt, mein Handy während der Pause in meinem Rucksack zu lassen. Seitdem ich nicht mehr scrolle und mich in schnellen, bunten Bildern verliere, komme ich tatsächlich für ein paar Minuten zur Ruhe.

◆ *Eine pausenfreundliche Schule*

Versuchen Sie, Ihre Kolleginnen und Kollegen für das Thema *bewusste Pause* zu sensibilisieren. Gehen Sie ins Gespräch, lassen Sie es ggf. als Tagesordnungspunkt in die Planung der nächsten Konferenz aufnehmen. Regen Sie ein paar Sachen an, die außer etwas gutem Willen Ihres Kollegiums und der Schulleitung wenig Aufwand bedürfen, wie z. B.:

Freiräume schaffen

- So ist ein erster Schritt für mehr Ruhe, das Lehrerzimmer während der Pausen schulkinderfrei zu halten.
- Außerdem könnte die Regel eingeführt werden, dass während der Schulpause keine Dienstbesprechungen anberaumt werden. Regen Sie das bei der Schulleitung an.
- Ein Tisch oder eine Ecke im Raum kann zu einem „schulfreien Ort" werden. Kolleginnen und Kollegen, die sich in diese Zone setzen, möchte nicht über schulische Themen reden, sondern lieber miteinander klönen oder schweigend einen Tee trinken.[22]
- Eine tolle Idee ist es auch, einen extra Ruheraum einzurichten. Dieser könnte in einem strahlenden Gelb angestrichen und mit ein paar Sitzsäcken ausgestattet sein. Zusätzlich könnten dort ein paar Kopfhörer deponiert werden, über die Entspannungsmusik gehört oder eine Minimeditation gemacht werden kann?[23]

Powersnacks für die Schulpause

Sicherlich informieren Sie die Eltern Ihrer Schülerinnen und Schüler im Elternabend über gesunde Pausensnacks und führen im Unterricht eine Einheit zum Thema *Mein gesundes Pausenbrot* durch. Aber Hand aufs Herz: Essen Sie selbst eigentlich etwas in der Pause? Oder gibt es nur einen schnellen Kaffee oder ein Stück Marmorkuchen, den

die Kollegin freundlicherweise heute mitgebracht hat? – An einem stressigen Schultag absolut nicht sinnvoll. Sorgen Sie von jetzt an gut für sich und denken Sie daran, sich etwas zum Essen in die Schultasche einzupacken, z. B.:

- Der Klassiker: zwei Scheiben Vollkornbrot, die mit einer Scheibe Käse oder fettarmer Wurst, mit einem Salatblatt oder einer Gurkenscheibe belegt sind.
- Eine hervorragende Alternative zum Pausenbrot sind sogenannte *Overnight Oats*. Hierzu füllen Sie Haferflocken, Müsli und/oder Nüsse zusammen mit

---

[22] Idee entdeckt bei: https://www.diekleinepause.de/91-die-pausenfreundliche-schule/, 02.04.2024, 15:31 Uhr.
[23] Anregung von https://www.yoga-aktuell.de/gesundheit-und-ayurveda/achtsamkeit/lehrergesundheit-yoga-und-achtsamkeit-fuer-lehrer/, 02.04.2024, 16:01 Uhr.

Freiräume schaffen

Joghurt, Quark oder Skyr und etwas Obst in ein Gefäß, das Sie am Vorabend in den Kühlschrank stellen. Das spart Zeit am Morgen, weil Sie die Dose nur noch in Ihre Schultasche einpacken müssen.

- Wer es lieber herzhaft mag, schneidet sich Gemüsesticks aus z. B. Karotte, Kohlrabi, Gurke und Staudensellerie und nimmt diese zusammen mit einem Kräuterquark zum Dippen mit in die Schule.
- Wenn Sie morgens keine Zeit fürs Brotschmieren haben oder am Abend vergessen haben, ihr *Frühstück im Glas* zu richten, dann packen Sie sich wenigstens einen Müsliriegel oder ein Obst ein.
- Essen Sie immer wieder ganz bewusst: Welche Zutaten schmecke ich? Wie schmeckt meine Pausenmahlzeit: salzig, süß, säuerlich usw.? Schmeckt sie heute irgendwie anders als sonst?

Hand aufs Herz: Packen Sie sich etwas zu essen in Ihre Schultasche?
☐ Ja.   ☐ Nein.

> **Aus dem Nähkästchen geplaudert …**
>
> Bringt auch an Ihrer Schule fast jeden Tag eine Kollegin / ein Kollege eine Packung Gummibärchen oder Kekse oder selbst gebackenen Kuchen mit? Lecker, aber nicht sehr gesund. Regen Sie doch an, ab und zu einen Vitamintag einzulegen. Hierzu bringt das Kollegium frisches Obst oder Gemüse mit, das sie zu Hause geschnitten haben und dann im Lehrerzimmer auf Teller anrichten. Vielleicht denkt jemand noch an eine Packung Nüsse?

Freiräume schaffen

◇ *Zäsur im Tag*

Beenden Sie den Schulvormittag innerlich ganz bewusst und regenerieren Sie sich, bevor Sie in den zweiten Teil Ihres Arbeitstages starten. Ein paar Ideen, wie das gelingen kann, hätte ich für Sie:

- Hören Sie auf der Heimfahrt im Auto eine Playlist mit Ihren Lieblingsliedern und singen Sie lauthals mit. Das vertreibt die Gedanken an einen unschönen Vorfall mit einer Schülerin / einem Schüler oder eine sehr anstrengende letzte Schulstunde sicherlich ganz schnell.
- Vielleicht bevorzugen Sie es auch, ganz in Stille zu fahren, wenn der Vormittag sehr unruhig und turbulent war.
- Ziehen Sie sich zu Hause etwa zehn Minuten zurück, trinken Sie einen Tee, lesen Sie Zeitung, sichten Sie Ihre Post.
- Machen Sie eine One-Minute-Meditation. Nehmen Sie sich 60 Sekunden Zeit, in der Sie die Augen schließen und einfach nichts tun, außer zu atmen.[24]
- Kümmern Sie sich zunächst um den Haushalt, holen Sie z. B. die Wäsche aus der Waschmaschine, die Sie vor der Schule angestellt haben.
- Reagieren Sie sich bei einem Spaziergang oder einer Joggingrunde körperlich ab.
- Legen Sie einen Mittagsschlaf ein. Dabei haben schon 15 Minuten Schlaf eine positive Wirkung auf die Konzentration und Leistungsfähigkeit in der zweiten Tageshälfte.[25]
- Telefonieren Sie mit einem Freund / einer Freundin, Ihrer Mutter / Ihrem Vater.
- Führen Sie eine Meditation oder Entspannungsübung durch.
- Machen Sie sich vor Beginn Ihrer Unterrichtsvorbereitung oder dem Korrigieren eine Tasse Kaffee oder Tee. Riechen Sie erst bewusst daran, spüren Sie die Wärme der Tasse und nehmen Sie die ersten fünf Schlucke ganz langsam und aufmerksam wahr. Starten Sie erst danach mit Ihrer Arbeit.[26]

---

[24] https://www.resilienz-akademie.com/one-minute-meditation/, 01.04.2024, 17:22 Uhr.
[25] https://www.mylife.de/gesunder-schlaf/mittagsschlaf/01.04.2024, 17:22 Uhr.
[26] Idee gefunden im Artikel: https://www.cornelsen.de/magazin/beitraege/achtsamkeit, 01.04.2024, 17:23 Uhr.

Freiräume schaffen

- Manchmal kann es helfen, sich durch das Wechseln der Kleidung in einen anderen Gefühlsmodus zu begeben. Also: zu Hause Hemd oder Bluse aus und bequemeres Shirt anziehen.

> **Aus dem Nähkästchen geplaudert …**
>
> Als Dreifachmutter steht bei mir nach Schulschluss erstmal Mittagessen-Hausaufgaben-Trubel an. War ein Schultag sehr kräftezehrend, hilft es mir, die Heimfahrt durch einen Extraschlenker noch etwas zu verlängern und so in einen entspannteren Modus zu gelangen, um dann daheim möglichst relaxt den zweiten Teil meines Tages einzuleiten. Vielleicht auch eine Idee für Sie?

Minipausen am Schreibtisch

Auch am heimischen Schreibtisch sollten Sie für kleinere Pausen sorgen. Wie wäre es z. B. mit

- einer kulinarischen Belohnung oder einem kurzen Stopp nach einer vorher festgelegten Anzahl an Korrekturen?
- einem kurzen Gespräch oder Telefonat mit Familienmitgliedern oder Freundinnen/Freunden?
- einem besonderen Getränk als Erholungs- oder Belohnungsritual, z. B. eine heiße Schokolade mit einer Sahnehaube?
- einer aktiven Pause nach einer vorher festgelegten Zeit, wie z. B. ein paar Minuten auf der Couch ein Buch zu lesen oder einfach mal die Augen zu schließen.[27]
- einer kurze Aktivierungsübungen wie z. B. dem Dehnen der Muskeln.

---

[27] Inspiriert von: @glueckskinder_lehrer unter https://www.instagram.com/p/CwUGJxysZjD/, 01.04.2024, 16:33 Uhr.

Freiräume schaffen

◆ *Atempausen*

Sie atmen täglich 10 000 bis 20 000 Liter Luft ein und aus. In der Regel geschieht dies unbewusst. Zudem atmen wir in Phasen von hohem emotionalem oder körperlichem Stress oftmals falsch – zu flach, zu schnell – oder halten gar den Atem an. Sorgen Sie dafür, das Atmen immer wieder ganz bewusst wahrzunehmen. Dies führt nachweislich zu Stressreduktion. Machen Sie Ihre Atmung zu Ihrem *Zaubermittel* im Stress und integrieren Sie immer wieder kleine Atemübungen in Ihren (Schul-)Tag: Vielleicht machen Sie die Übungen einfach zusammen mit Ihren Schülerinnen und Schülern und sorgen so für eine Win-win-Situation: entspanntere Schulkinder – entspanntere Lehrkraft:

- 4-7-8-Methode: Platzieren Sie eine Hand auf Ihrem Bauch. Atmen Sie durch die Nase ein und zählen Sie in Gedanken von eins bis vier. Halten Sie die Luft an und zählen Sie langsam bis sieben. Schließlich atmen Sie durch den Mund aus und zählen langsam bis acht. Wiederholen Sie die Übung viermal.
- Setzen Sie sich aufrecht hin, legen Sie dabei eine Hand auf die Brust und die andere auf die Bauchdecke. Nun atmen Sie ruhig durch die Nase ein und zählen dabei gedanklich bis fünf. Atmen Sie dann fünfmal hintereinander stoßartig durch den Mund wieder aus. Wiederholen Sie die Übung fünfmal.
- Atmen Sie durch die Nase ein, durch den Mund aus. Stellen Sie sich vor, dass Sie die eingeatmete Luft an eine bestimmte Stelle in Ihrem Körper schicken. Konzentrieren Sie sich auf das Gefühl.
- *Schlürfatmung*: Spitzen Sie die Lippen, als würden Sie durch einen Strohhalm trinken. Atmen Sie mindestens sechsmal tief und langsam über den Mund ein und über die Nase aus. Diese Übung bringt große Atembewegung von den Lungenspitzen bis zum Zwerchfell zustande, die dem Gehirn *Alles in Ordnung* signalisiert.
- Atmen Sie ganz bewusst dreimal tief ein, bevor Sie die Klassenraumtür öffnen oder Ihre Schülerinnen und Schüler begrüßen.

Freiräume schaffen

- Legen Sie Ihre Hand auf Ihr Herz und atmen Sie ganz bewusst dorthin. Schicken Sie die Luft auch an andere Stellen in Ihrem Körper. Konzentrieren Sie sich auf das Gefühl.
- Klopfen Sie sich wie Tarzan auf Ihren Brustkorb und atmen Sie tief durch.
- Atmen Sie ganz bewusst im Wechsel durch das linke und rechte Nasenloch ein und aus, indem Sie das andere mit leichtem Fingerdruck verschließen.
- Klopfen Sie mit den Fingerspitzen sanft den Brustbereich ab und atmen Sie durch die Nase ein. Halten Sie den Atem ein Weilchen an. Lassen Sie dabei die Arme hängen. Anschließend durch die Nase ausatmen
- *Holzfälleratmung*: Mit lockeren Knien stehen, dann in einer Bewegung die Arme über den Kopf schwingen und dabei einatmen. Dann die Finger verschränken und ausatmend kraftvoll eine imaginäre Axt nach unten sausen lassen. Dabei laut *Aaaah* rufen.[28]

 Auszeiten im (Schul-)Alltag

> Das sagt eine Lehrkraft …
> *Ich gliedere das Schuljahr gerne in Abschnitte. Die nächsten Ferien fokussiere ich als Ziel, um mich wieder ordnen und ausruhen zu können. Dieses Zieldenken hilft mir, den Stress in der Schule nur als Phase zu erkennen.*
>
> Lehrerin, 43 Jahre alt, 18 Dienstjahre

Diese Lehrkraft hat für sich ein Tool etabliert, um besser durch stressige Schuljahresphasen zu kommen. Möglicherweise hilft der Tipp auch Ihnen? Weitere Ideen habe ich hier für Sie:

---

[28] Übungen unter anderem entdeckt bei: https://www.stern.de/gesundheit/atemuebungen--stress-wegatmen---fuer-mehr-gelassenheit-im-alltag-31633058.html, 01.04.2023, 17:30 Uhr und https://www.sueddeutsche.de/bildung/unterricht-mit-masken-einatmen-ausatmen-1.5109048 und https://www.visionandaim.com/stress/, 01.04.2023, 17:37 Uhr.

Freiräume schaffen

- *Ich-Zeit*: Als Lehrkraft sind Sie von vielen Menschen umgeben. Sorgen Sie als Ausgleich für Zeit nur mit sich allein. Wie Sie diese gestalten, hängt von Ihren Vorlieben ab. Manch einer/einem hilft das Auspowern beim Sport, andere brauchen eine Tasse Tee und ein gutes Buch zum Herunterkommen. Probieren Sie es aus!
- Bauen Sie (am besten wöchentlich) eine feste Entspannungszeit in Ihren Alltag ein: Gehen Sie zur Massage, ins Schwimmbad, die Therme oder Sauna. Nehmen Sie ein heißes Bad.
- Gehen Sie regelmäßig offline. Nehmen Sie z. B. das Handy nicht mit, wenn Sie mit Ihrem Hund Gassi gehen. Lassen Sie Social Media im Urlaub sein.
- Planen Sie Ihre Woche so, dass Sie an einem Tag komplett frei von der Arbeit sind. Im besten Fall unternehmen Sie etwas, dass Ihnen im Gedächtnis bleibt.
- Neigen Sie dazu, kein zeitliches Ende für Ihre Unterrichtsvorbereitung zu finden? Dann bitten Sie Ihre Partnerin / Ihren Partner oder eine andere Person darum, Sie persönlich oder per Telefonanruf an Ihren Feierabend zu erinnern, oder stellen Sie sich einen Timer. Klingelt dieser, ist auch wirklich Schluss.
- Ein Kurzurlaub von ca. zwei bis vier Tagen bringt schon in kurzer Zeit etwas Abstand vom (Schul-)Alltag und ist in stressigen Schuljahresphasen ein guter Motivator, um durchzuhalten. Vielleicht schaffen Sie es sogar, mehrmals im Jahr für zwei bis vier Tage wegzufahren? Planen Sie Ihren Kurzurlaub am besten fix, sobald Sie die Termine für das neue Schuljahr inklusive der beweglichen Ferientage und Brückentage erhalten. Somit haben Sie etwas, auf das Sie sich freuen können.

 Krank ist krank ist krank

> Das sagt eine Lehrkraft …
>
> *Als ich vor ein paar Jahren eine Blutvergiftung hatte, habe ich stehend die letzten Klausuren wegkorrigiert, bis ich in den OP geschoben wurde …*
>
> Lehrerin, 45 Jahre alt, zwölf Dienstjahre

Freiräume schaffen

Dieser Bericht einer Lehrerin ist sicherlich sehr krass, aber in ihm steckt ein sehr wahrer Kern. Viele Lehrkräfte schleppen sich krank zur Schule, weil sie denken, dass ihre Klasse ohne sie nicht auskommt oder dass sie ihr Kollegium zusätzlich belasten. Andere melden sich zwar krank, dirigieren aber vom Krankenbett aus ihren Unterricht, indem sie ihren Kolleginnen und Kollegen sagen, was diese doch bitte in ihrer Abwesenheit im Unterricht der jeweiligen Lerngruppen umsetzen sollen.

Dies ist definitiv die falsche Herangehensweise. Denn um langfristig gesund zu bleiben und bis zur Pension Kindern lesen und schreiben beibringen und Jugendlichen die Welt erklären zu können, sollten Sie einen achtsamen Umgang mit Ihrem Körper pflegen. Hierzu gehört, dass Sie zu Hause bleiben, wenn Sie krank sind. In der Regel sind Sie nach ein paar Tagen wieder fit und können guten Unterricht machen.

Benötigen Sie noch ein paar Gründe, warum Sie nicht mehr krank zur Schule gehen sollten? Hier kommen sie:
- Es dauert länger, bis Sie wieder ganz fit sind, wenn Sie angeschlagen zur Schule gehen.
- Im schlimmsten Fall verschleppen Sie etwas und haben in der Folge eine weitaus schlimmere und langwierige Erkrankung.
- Sie könnten Ihr Kollegium und Ihre Schülerinnen und Schüler anstecken.
- Auch wenn es sich zunächst seltsam anhört: Sie sind ersetzlich und Ihre Kolleginnen und Kollegen machen genauso guten Unterricht wie Sie.
- Niemand wird Rücksicht auf Sie nehmen, wenn Sie krank in der Schule auftauchen.
- Sie werden kein Extralob von der Schulleitung bekommen, wenn Sie krank arbeiten.
- Es ist noch keine Karriere von Schülerinnen und Schülern an einer kranken Lehrkraft gescheitert.
- Sie selbst übernehmen Vertretungsstunden für kranke Kolleginnen und Kollegen. Nun passiert das andersrum.
- Das Schulamt wird für Ersatz sorgen, falls Sie längerfristig ausfallen sollten.

Freiräume schaffen

Was ist denn das *Leisure-Sickness-Syndrom*?

Sicherlich kennen Sie das Phänomen, pünktlich zum Schulende am Freitag oder in den ersten Ferientagen Kopfschmerzen zu bekommen oder (grippeartige) Krankheitssymptome zu entwickeln. Diese Art der Erkrankung in Ruhephasen wird als *Leisure-Sickness-Syndrom* bezeichnet. Erschreckenderweise treten in den Ferien sogar mehr Schlaganfälle und Herzinfarkte auf.[29]

 Weniger Perfektionismus für mehr Zufriedenheit

Vielleicht kennen Sie das auch von sich: Sie finden ein Arbeitsblatt im Internet, das Ihnen eigentlich ganz gut gefällt. Super, dann ist die Unterrichtsstunde ja schnell vorbereitet und Sie haben noch Zeit für das Kopieren der Elternbriefe. Aber irgendwie finden Sie die Grafik nicht ganz optimal oder die Anordnung und die Schrift könnte irgendwie auch größer sein. Also kopieren Sie das Blatt, vergrößern es, drucken eine andere Grafik aus, mit der Sie die ursprüngliche überkleben. Nun ist das Arbeitsblatt für Sie perfekt! Allerdings haben Sie so doch länger gebraucht als gedacht und müssen deshalb die Bügelwäsche, die heute eigentlich noch auf dem Plan stand, in einer Nachtschicht erledigen.

Zunächst einmal: Perfektionismus ist eigentlich nichts Negatives. Er ist ein Motor, der uns antreibt. Allerdings entsteht daraus oft ein innerer Druck, weil wir unermüdlich einem Ideal hinterherlaufen. Das erreichen wir – in unserer eigenen Wahrnehmung! – oft nicht und verändern deshalb wie im Beispiel ein doch eigentlich schon perfektes Arbeitsblatt, um es noch perfekter zu machen. *Aber*: Ist das überhaupt möglich? *Oder besser*: Ist das überhaupt nötig? Versuchen Sie, etwas *unperfekter zu werden*:

---

[29] https://www.helios-gesundheit.de/magazin/news/02/leisure-sickness/, 01.04.2024, 17:59 Uhr.

Freiräume schaffen

- Sehen Sie Ihre Unterrichtsmaterialien als Mittel zum Zweck des Lernens Ihrer Schülerinnen und Schüler an. Es müssen nicht immer ausgefeilte Grafiken, Farbkopien usw. sein.
- Braucht es eigentlich in jeder Unterrichtsstunde ein Arbeitsblatt oder einen Hefteintrag? Folgen Sie ab und zu dem Grundsatz *Beziehung vor Arbeitsblatt*. Das spart Zeit und intensiviert die Kommunikation mit Ihren Schülerinnen und Schülern.[30]
- Setzen Sie sich ein Zeitlimit für Ihre Vorbereitung. Halten Sie sich dann aber auch an den zeitlichen Schlusspunkt und hängen Sie keine Nachtschicht an!
- Guter Unterricht braucht Vorbereitung, klar. *Schwellenpädaogik* hat seit dem Studium einen unangenehmen Beigeschmack. Dennoch ist es legitim, in stressigen Phasen auch mal recht spontane Stunden, die Sie nur sehr wenig vorbereitet haben, zu halten. Machen Sie sich vorab ein paar handschriftliche Notizen auf einem Zettel und dann los. Setzen Sie in solchen Stunden auf Ihre Ausstrahlung, Ihr Allgemeinwissen und Ihre langjährige Erfahrung.

> **Was ist denn bitte (Tür-)Schwellenpädagogik?**
>
> So nennt man es in Kreisen von Pädagoginnen und Pädagogen, wenn eine Lehrkraft Unterricht hält, der nicht minutiös vorbereitet ist, sondern quasi auf der Türschwelle zum Klassenzimmer geplant wird. Meist handelt es sich dann um Buchunterricht, spontane Vokabeltests oder auch mal ein Diktat.

---

[30] Hier entdeckt: https://ave-institut.de/mental-load-im-lehrerberuf/, 01.04.2024, 7:57 Uhr.

Freiräume schaffen

 Aus dem Nähkästchen geplaudert …

Lange Zeit fand ich jedes Mal, wenn ich ein veröffentlichtes Buch von mir in der Hand hielt, einen Schreibfehler, einen Absatz nicht rund oder störte ich mich an der ein oder anderen Formulierung. Irgendwann sagte ich mir: *Ein gutes Buch ist ein abgegebenes und veröffentlichtes Buch.*

Vom Manuskript zur Printausgabe ist es immerhin durch zig Hände gegangen, wurde rechtschriftlich korrigiert, inhaltlich in die Mangel genommen, gab es E-Mail-Austausch mit der zuständigen Lektorin oder dem zuständigen Redakteur.

 Ressourcenschonendes Arbeiten

Kennen Sie das Pareto-Prinzip? Demnach könnten wir 80 % der Beschäftigungen in 20 % der Zeit durchführen und dadurch 80 % Ergebnisse bzw. Leistung erzielen. Also verkürzt gesprochen: In 80 % Ihres Unterrichtserfolgs stecken 20 % Ihrer Vorbereitung. 80 % der Ergebnisse von Konferenzen werden in 20 % der Zeit erreicht. Machen Sie sich dieses Prinzip zunutze und kommen Sie gesünder und ungestresster durch Ihre Schulwoche, indem Sie sich überlegen, für welche Ihrer To-dos 20 % Aufwand ausreichen, z. B. bereits bekannte Unterrichtsinhalte, bewährte Kopiervorlagen, Materialien, die einfach aus dem Regal geholt werden und einmal überflogen werden müssen, und solche, die durchaus 80 % und mehr Aufwand erfordern, wie z. B. das Strukturieren einer neuen größeren Unterrichtseinheit, die Planung eines Elternsprechtages.[31]

---

[31] https://lehrer-zeit.de/lehrer-und-pareto/, 01.04.2024, 17:44 Uhr.

Freiräume schaffen

Was steckt eigentlich hinter dem Pareto-Prinzip?

Der Ökonom Vilfredo Pareto kam bei einer Untersuchung zur Vermögensverteilung in Italien zu einem erstaunlichen Ergebnis: 20 % der Bevölkerung besaßen 80 % des Vermögens. Dieses Prinzip wurde in der Folge auf viele andere Bereiche des Lebens übertragen.

Es geht im Wesentlichen darum, eine Beziehung zwischen dem Aufwand, den man in etwas hineinsteckt, und dem Ertrag, der dabei herauskommt, herzustellen. Demnach erreicht man mit 20 % des Aufwands 80 % des Ertrags. Mit den übrigen 80 % Aufwand kommen dann die 20 % restlicher Ertrag hinzu.[32]

Aus dem Nähkästchen geplaudert …

Sicherlich kann das Pareto-Prinzip dabei helfen zu erkennen, welche Aufgaben wichtig und welche unwichtig sind und Sie davor bewahren, an einer Aufgabe *hängen zu bleiben*. Dennoch halte ich es für wichtig, sich genau zu überlegen, welche Aufgabe für Sie mit 80 % Leistung gut genug ist und wann man unbedingt 100 % Leistung geben sollte. Wichtige Aufgaben, die perfekt sein sollen, 100 % Ergebnis, brauchen wohl in der Regel auch 100 % der Zeit. Dabei liegt es im Auge der betrachtenden Person, welchen Aufgaben man diese Wichtigkeit zuordnet.

 Einen Schlusspunkt hinter ein Schuljahr setzen

Beenden Sie ein Schuljahr mit einer bewussten Rückschau auf das von Ihnen Geleistete. So können Sie ruhig in die Sommerferien starten.

---

[32] https://de.wikipedia.org/wiki/Paretoprinzip, 01.04.2024, 17:47 Uhr

Freiräume schaffen

Notieren Sie hierzu Ihre Gedanken zu den folgenden Fragen:

- Darauf bin ich dieses Schuljahr stolz:

- Hier habe ich mich verbessert:

- Diese Personen waren sehr wichtig für mich:

- Die absoluten Highlights waren:

Freiräume schaffen

🕊 Davon möchte ich zukünftig mehr etablieren:

🕊 Darauf werde ich verzichten:

🕊 Diese Dinge sollten sich wiederholen:

🕊 Wenn ich zwei Wünsche freihätte, dann würde ich im nächsten Schuljahr gerne …

Freiräume: Antreiber

Exkurs: Meine Antreiber

Fragen Sie sich manchmal, warum Sie immer 120 % geben, egal um welche Aufgabe es sich handelt? Oder laden Sie sich oftmals zu viele Termine auf, weil Sie nicht *Nein* sagen können? Maßregeln Sie sich manchmal selbst, weil Sie nicht alle Ihre To-dos abgearbeitet haben und wieder mal *viel zu langsam waren*? Lassen Sie uns einmal ganz tief gehen und uns anschauen, was Sie eigentlich innerlich antreibt und Sie solche Dinge tun oder entscheiden lässt, obwohl Ihnen das genauer betrachtet gar nicht guttut.

> Wenn Sie wissen, was Sie antreibt und warum Sie in fordernden Schul- und Lebenssituationen allgemein auf eine bestimmte Art und Weise reagieren, können Sie selbstregulierend tätig werden. Langfristig erlangen Sie so höheres Wohlbefinden und ein stressfreieres (Schul-)Leben.

Zunächst mal ganz spontan:

- Welche dieser Glaubenssätze haben einen Bezug zu Ihrer Persönlichkeit, Ihrem Lebensstil und Arbeitsverhalten?
  - ☐ Ein Indianer kennt keinen Schmerz.
  - ☐ Nur die Harten kommen in den Garten.
  - ☐ Viel hilft viel!
  - ☐ Gras wächst auch nicht schneller, wenn man daran zieht.
  - ☐ Ein Fehler ist ein *Ja* zur Menschlichkeit.
  - ☐ Beiß die Zähne zusammen.
  - ☐ Lass mal fünfe gerade sein.
  - ☐ Ohne Fleiß kein Preis.

Freiräume: Antreiber

- [ ] Wie du meinst/magst.
- [ ] Wer rastet, der rostet.
- [ ] Der Tag hat nur 24 Stunden.
- [ ] Jetzt hab dich nicht so.
- [ ] Warum sollte ich das denn probieren? Es klappt doch sowieso nicht.
- [ ] Das geht noch besser.
- [ ] Sei leiser.
- [ ] *Auf die Zähne beißen* ist meine Devise.
- [ ] Einmal begonnen, bringe ich eine Aufgabe konsequent zu Ende.
- [ ] Erfolg fällt nicht vom Himmel, den muss man sich schon erarbeiten.
- [ ] Für dumme Fragen habe ich kein Verständnis.
- [ ] Herumtrödeln nervt.
- [ ] Meine Probleme löse ich selbst.
- [ ] Es gibt keine dummen Fragen, nur dumme Antworten.
- [ ] Wenn Sie meinen, dann machen wir das so.

Diese Sätze verraten schon sehr viel über Sie und Ihre Motivation, Ihren Beruf und Ihr Leben auszuüben und zu gestalten. In ihnen versteckt sich vorrangig *ein* innerer Antreiber, quasi ein Leitgedanke, der Sie zu bestimmten Verhaltensweisen gebracht hat. Der wurde meist schon in der Kindheit angelegt und hat Sie dahin gebracht haben, wo Sie heute stehen. Er ist quasi die kleine Stimme in Ihrem Kopf, die Sie beispielsweise dazu bringt, sich immer zu beeilen, 120 % zu geben oder zu allem *Ja* zu sagen. Diese ist vor allem in stressigen Phasen sehr laut. Vielleicht sind Sie dann selbst genervt vom Verhalten, das Sie an den Tag legen, können es aber nicht ändern. Finden Sie heraus, was Ihr unbewusster innerer Antreiber ist. Dieser ist nicht in Gänze negativ besetzt und schlecht für Sie. *Im Gegenteil*: Er kann durchaus ein guter Motivator sein und Ihnen helfen, immer wieder aufzustehen und etwas zu verändern. Er sollte aber nicht zu einem permanenten Kritiker werden, der Sie in einen Hochfrequenz-Dauerstress-Modus bringt.

Freiräume: Antreiber

Wenn es Ihnen gelingt, ihn im moderaten Bereich zu halten und den positiven Kern in ihm für sich herauszufiltern, ist alles gut.

> **Was sind denn innere Antreiber?**
>
> Das Modell der inneren Antreiber ist Teil der Transaktionsanalyse (TA), die in den 1950er- und 60er-Jahren begründet wurde. Taibi Kahler entwickelte 1977 das Modell der inneren Antreiber. Seine Verhaltensbeobachtungen zeigten, dass Menschen bestimmte Verhaltensgewohnheiten gemeinsam haben und zu manchen eher neigen. Er entwickelte daraus das Modell der fünf inneren Antreiber. Diese Persönlichkeitseigenschaften sind in allen Menschen vorhanden und bestimmen maßgeblich über das Denken, Fühlen und Handeln einer Person. Dabei ist meist einer besonders aktiv oder stark ausgeprägt. Da er so tief in einer Person verinnerlicht wurde, agiert sie danach, ohne sich den für sie ungünstigen Verhaltensweisen bewusst zu sein.[33]

Erkennen Sie nun mithilfe der folgenden Tabelle, was Sie innerlich antreibt. Kennzeichnen Sie das Feld rot. Malen Sie dann die Spalte, in der die positiven Seiten stehen, gelb aus.

Antreiber	Typ	Bedürfnis	Positiver Kern
Sei stark!	Kämpferin/Kämpfer, Konkurrentin/Konkurrent	allein zurechtkommen, alles unter Kontrolle halten, keine Schwäche zeigen	Einfluss, Stärke, Unabhängigkeit
→ Ich bin leicht angeschlagen, aber deshalb lass ich doch keinen Unterricht ausfallen.			

---

[33] https://www.resilienz-akademie.com/innere-antreiber/, 31.03.2024, 19:42 Uhr,
https://transaktionsanalyse-online.de/innere-antreiber/#t-1608015761697, 31.03.2024, 19:55 Uhr.

Freiräume: Antreiber

Antreiber	Typ	Bedürfnis	Positiver Kern
Sei perfekt!	Perfektionistin/Perfektionist, Strahlefrau/Strahlemann	Vollkommenes leisten	Korrektheit, Genauigkeit, Fehlerlosigkeit

→ Ich will alle Themen des Schulbuches in einem Schuljahr erledigen.
→ Es kommt immer wieder vor, dass ich mitten in der Nacht noch mal etwas an meiner Unterrichtsplanung verändere.

| **Mach es allen recht!** | netter, liebenswerter Harmoniemensch, Ja-Sagerin/Ja-Sager | von allen gemocht und wertgeschätzt werden | Freundlichkeit, Liebenswürdigkeit, Mitgefühl |

→ Ich will jederzeit für Eltern, Schülerinnen, Schüler und Kolleginnen und Kollegen ansprechbar sein.
→ Ich möchte, dass alle in der Klasse sich wohlfühlen.

| **Streng dich an!** | Hektikerin/Hektiker | schnell am Ziel sein | Schnelligkeit, Zeit und Chancen nutzen |

→ Ich habe keine rechte Ahnung von dieser neuen Unterrichtsmethode, aber ich werde das schon schaffen.

| **Mach schnell!** | Selbstausbeuterin/Selbstausbeuter, Überforderin/Überforderer | beständig Aufgaben verfolgen, nie aufgeben | Durchhaltevermögen, Beharrlichkeit, Gründlichkeit, Ausdauer |

→ Ich will das Protokoll der Konferenz gleich morgen abgeben.
→ Zur Klasse sage ich oft: *Jetzt macht aber mal.*
→ Ich trommle oft ungeduldig mit den Fingern auf den Tisch oder wippe mit meinen Beinen.
→ Ich falle anderen häufig ins Wort.

Im Folgenden finden Sie Anregungen, wie Sie Ihr Verhalten umpolen oder Ihren Antreiber ganz deaktivieren, wenn seine negativen Impulse zu sehr überhand nehmen bzw. Sie dadurch in Stress geraten. Dann schaffen Sie es zukünftig sicherlich häufiger, *Nein* zu sagen, wenn Sie *Nein* meinen, und dieses *Nein* dann sogar zu leben.

Freiräume bewahren

Die eigenen Freiräume bewahren

 Den inneren Antreiber austricksen

Der innere Antreiber hat einen positiven Kern, okay! Allerdings bringt dieser kleine Kerl sie leider viel zu oft dazu, ewig zu überlegen oder zu schnell vorzugehen, Dinge *kaputtzuoptimieren* oder sich gar nicht erst an sie heranzuwagen. Im schlimmsten Fall macht er uns nieder, übt Druck aus, lässt uns mit Selbstzweifeln zurück oder führt uns im Extremfall in ein völlig erschöpftes Burnout. Versuchen Sie, Ihren inneren Antreiber leiser zu machen, zu stoppen oder ihn im besten Fall durch einen anderen selbst gewählten Antreiber zu ersetzen. Schauen Sie sich hierzu die nachfolgende Tabelle an: Es gibt alternative Denkansätze, die Ihnen von Ihrem hauptsächlichen inneren Antreiber ausgehend ein zufriedeneres Lebensgefühl verschaffen können.[34]

Innerer Antreiber	Besser so	In der Tat
Sei stark!	■ *Ich darf meine Wünsche mitteilen.* ■ *Ich darf um Hilfe bitten.* ■ *Ich darf anderen vertrauen.* ■ *Ich darf Gefühle zeigen.*	*Ich lehne Aufgaben ab.*
Sei perfekt!	■ *Ich bin wertvoll und gut genug so, wie ich bin.* ■ *Ich darf Fehler machen. Ein Fehler ist ein Ja zu meiner Menschlichkeit.* ■ *Ich gebe mein Bestes und das ist gut genug.*	*Es ist okay, wenn ich ein Thema des Lehrplans zeitlich nicht mehr im Schuljahr unterbekomme, weil die Klasse lange mit einem anderen Thema beschäftigt war.*

---

[34] Angeregt von Artikeln auf der Homepage https://www.resilienz-akademie.com/innere-antreiber/, 01.04.2024, 08:04 Uhr.

Freiräume bewahren

Innerer Antreiber	Besser so	In der Tat
Mach es allen recht!	■ *Meine Bedürfnisse und Wünsche sind mir auch wichtig.* ■ *Ich habe die längste Beziehung mit mir selbst.* ■ *Ich darf „Nein" sagen.* ■ *Würde ich das, was ich gerade mache, auch genauso machen, wenn es nur nach mir ginge?*	*Ich habe ein Recht auf meinen Feierabend.*
Streng dich an!	■ *Es darf auch leicht gehen.* ■ *Meine Kraft gehört mir.*	*Krank ist krank.*
Mach schnell!	■ *Ich darf mir Zeit nehmen.* ■ *Meine Zeit gehört mir.*	*Es reicht, wenn ich die Klassenarbeit bis Freitag korrigiere.*

> **Aus dem Nähkästchen geplaudert …**
>
> Hätte ich immer brav auf meinen inneren Kritiker gehört, dann hätte ich es wohl nie gewagt, den Schritt als Autorin zu gehen. Sicherlich ist keins meiner Bücher perfekt oder gefällt allen. Aber Sie halten gerade diesen Ratgeber in der Hand und allein dafür hat es sich gelohnt, meine innere Stimme zu ignorieren und auf mein Bauchgefühl zu hören.

Freiräume bewahren

Grenzen setzen

> Das sagt eine Lehrkraft …
>
> *Manche Situationen mit Schülerinnen und Schülern, Gespräche mit schwierigen Eltern oder auch Kolleginnen und Kollegen sind sehr belastend für mich. Meine Gedanken kreisen dann auch im Privatleben. Dies führt manchmal zu einer niedrigen Toleranzgrenze gegenüber meiner eigenen Familie.*
>
> Lehrerin, 42 Jahre alt, 17 Dienstjahre

Wie diese Aussage verdeutlicht, hat diese Lehrkraft wenig Abstand zu ihren Schulkindern. Sie hat oft tiefen Einblick in das Privatleben, steht im Austausch mit deren Eltern. Auch im Kollegium entstehen Beziehungen.

Ja: Anteilnahme und Interesse am Leben der anderen zu zeigen, ist lobenswert und befruchtet die Lehrkraft-Kind-Beziehung, über deren Wichtigkeit an anderer Stelle in diesem Ratgeber schon ausführlich geschrieben wurde (siehe Seite 35). Außerdem ist es doch schön, wenn man bei Schülerinnen und Schülern, im Kollegium und bei der Schulleitung beliebt ist, gut über einen gesprochen wird und man nirgends aneckt. Wirklich? Wenn Sie sich permanent für andere aufopfern, Ihre Hilfe anbieten, zu allem *Ja* sagen, gehen Sie ständig über Ihre eigenen Grenzen. Sie werden mittelfristig unzufriedener, müde und gereizter und geraten in Gefahr, an Ihre Grenzen zu kommen, im Extremfall sogar zu einer *überforderten* oder gar *ausgebrannten* Lehrkraft zu werden. Deshalb ist es absolut wichtig, ein gesundes Maß an Distanz zu halten und einen gesunden Egoismus zu leben. So bewahren Sie sich ausreichend Energie und Zeit für das Alltagsgeschäft *Unterricht* und die vielen anderen (Organisations-)Aufgaben.

Freiräume bewahren

> **Was ist gesunder Egoismus?**
>
> Gesunder Egoismus bedeutet, dass eine Person sich gut um sich selbst kümmert und auf ihre eigenen Wünsche und Bedürfnisse achtet. Ungesunder Egoismus bedeutet, dass die Person andere zu ihrem eigenen Vorteil ausnutzt oder versucht, ihnen den eigenen Willen aufzuzwingen.

Wie schaffen Sie es, sich abzugrenzen?

- Trauen Sie sich, in unliebsamen Situationen oder wenn Ihnen etwas zu viel ist, *Nein* und *Stopp* zu sagen.
- Bleiben Sie bei Ihrer Antwort, auch wenn Ihr Gegenüber Sie umstimmen will: *Meinst du nicht, dass es doch klappen könnte?*
- Sagen Sie in Konferenzen nicht automatisch *Ja*, wenn etwas beschlossen werden soll, was auch für Sie einen (zeitlichen) Mehraufwand bedeutet.
- Streichen Sie die Wörter oder Sätze *vielleicht*, *ich muss mal schauen …* und *eventuell* aus Ihrem Antworten-Wortschatz. Die wecken mitunter falsche Hoffnungen bei der fragenden Person.
- Nehmen Sie Warnzeichen Ihres Körpers wie Müdigkeit, Gereiztheit oder Erkältungssymptome wahr. Reagieren Sie mit frühem Zubettgehen oder Terminabsagen.

Freiräume bewahren

Aus dem Nähkästchen geplaudert …

Sicherlich kennen Sie diesen einen Moment in der Konferenz am Ende der Sommerferien, wenn es um die Zusatzaufgaben geht: *Wer kümmert sich um die Buchbestellungen? Wer schaut mal über die Schulhomepage?* usw. Ich habe mit den Jahren gelernt, dass es in meiner eigenen Verantwortung liegt, inwiefern ich mich bei der Aufgabenverteilung geschickt und hinsichtlich meiner eigenen Potenziale und Ressourcen einbringen kann. Ich signalisiere Einsatzbereitschaft, die durchaus der Schule zugutekommt, aber nicht auf meine Kosten, sondern zu meinen Gunsten.

Überlegen und notieren Sie sich:

- Was sind meine Kernaufgaben in der Schule?

- Wie viele zeitliche Kapazitäten habe ich darüber hinaus noch frei?

Freiräume bewahren

- Was könnte ich freiwillig/zusätzlich übernehmen, das mir Spaß macht und vielleicht sogar die Schule bereichert?

....
....
....
....
....
....

In einem Satz zusammengefasst, geht Abgrenzung so:

> „Nimm dich öfter genauso wichtig wie die anderen.
> Tue, was du willst, und tue nicht, was du nicht willst." [35]

 Übungen zur Abgrenzung

Sich abzugrenzen, ist in der Theorie so einfach. Aber in der Praxis sagt man dann doch wieder *Ja, okay ...* und ärgert sich im Nachhinein über sich selbst. Kennen Sie das auch? Vielleicht schaffen Sie es, sich mithilfe einer der folgenden Übungen zukünftig in eine distanziertere Haltung zu bringen, wenn Sie merken, dass Sie wieder ins *Helfersyndrom* und *Gutmenschsein* abdriften.

Die Lichtkugel

- Setzen Sie sich bequem auf den Boden.
- Stellen Sie sich nun vor, dass Sie in einem großen, durchsichtigen Ball oder einer schillernden Seifenblase sitzen oder stehen. Alternativ zeichnen Sie einen imaginären Lichtkreis um sich herum oder stehen. Alles, was Ihnen guttut, kann herein, der Rest prallt an der halb durchlässigen Membran ab.

---

[35] https://health-and-soul.com/gesunde-abgrenzung-fuer-ein-harmonisches-und-kraftvolles-miteinander/, 01.04.2024, 17:49 Uhr.

Freiräume bewahren

- Wenn Sie möchten, können Sie den Innenraum noch mit einer Farbe Ihrer Wahl, z. B. Orange oder Gold, fluten. Das erzeugt Wärme.

Die goldene Acht

- Setzen Sie sich bequem auf den Boden.
- In Ihrer Vorstellung sitzt oder steht eine andere Person, mit der es aktuell etwas problematisch ist, gegenüber.
- Malen Sie im Geiste eine Acht, deren Mitte zwischen Ihnen und der anderen Person liegt oder schwebt. Sie beide sind jeweils mit einer Achterschlaufe umgeben.
- Die Acht beginnt zu leuchten und wird immer breiter.
- Sie selbst bestimmen, wie hell und wie breit die Acht wird. Es soll ein angenehm schützendes Gefühl entstehen.
- Sie nehmen die andere Person wahr und ernst, halten aber deren Gefühle und (An-)Forderungen von sich fern.

Mein Schutzmantel

- Stellen Sie sich vor, dass Sie ein weites, bodenlanges Cape mit Kapuze tragen.
- Das Material und die Farbe, aus dem es besteht, bestimmen Sie selbst: Fell, Federn, Stoff, Patchworkflicken oder einfach Licht.
- Dieser Zaubermantel schützt Sie vor allem, was Ihnen gerade nicht guttut. Außerdem können Sie durch ihn unsichtbar werden und aus einer Situation *verschwinden*.

Mein Schutzspruch

Nicht jede Person kann gut mit imaginären Bildern arbeiten. Vielleicht kommt Ihnen ein kurzes Gebet, ein Mantra oder eine Formulierung, das/die Ihnen ein körperliches Gefühl von Sicherheit vermittelt, mehr entgegen.

Freiräume bewahren

Murmeln Sie dies leise oder in Gedanken vor sich hin, wenn Sie merken, dass Sie abtauchen wollen. Ein paar Anregungen:

- *Du musst dich niemandem erklären, nur dir selbst.*
- *Grenzen setzen ist Ausdruck deiner Liebe zu dir selbst. Grenzen achten ist Ausdruck deiner Liebe zu anderen.*
- *Du bist genug. Du tust genug.*[36]

Das *Nein des Tages*

Manche Tage haben es einfach in sich. Schulwochen sind einfach voll. Neben dem eigentlichen Unterricht stehen noch eine Konferenz sowie Elterngespräche an. Spontan kommen noch zig Aufgaben dazu und das Mental Load droht, sie komplett zu überrollen.

Selbstverständlich können Sie in so einem Moment nicht alle Termine und Aufgaben ersatzlos streichen! Aber Sie können sich dennoch ein paar strikte *Neins* zugestehen und im Sinne einer guten Selbstfürsorge *Ja* zu sich selbst sagen. Dadurch gewinnen Sie mehr Gelassenheit, innere Ruhe und schlafen sicherlich ruhiger. Die Neins können moderat sein, wie z. B. die Wohnung nur zu saugen, anstatt nass zu wischen, oder auch tiefgreifender, wie z. B. das Absagen eines Elterngesprächs.

> **Aus dem Nähkästchen geplaudert …**
>
> Ich liebe es, Postkarten mit sinnigen Sprüchen zu verschicken, und bekomme selbst gern welche. Die mit den coolsten Sprüchen schaffen es auf die Fensterbank in meinem Arbeitszimmer. Einer davon ist „*Nein ist ein ganzer Satz.*" Auf dieses Motto möchte ich nicht mehr verzichten.

---

[36] Angelehnt an Ideen von: https://dein-buntes-leben.de/2021/06/schutz-abgrenzung-uebungen-fuer-hochsensible/ und https://nora-fieling.de/2022/08/18/die-goldene-acht-methode-zur-abgrenzung/, 01.04.2024, 08:20 Uhr.

Freiräume bewahren

✎ Wozu sagen Sie heute einfach mal *Nein*?

◆ *Schlagfertig gegen Vorurteile*

> Das sagt eine Lehrkraft …
> *Ich glaube, weil alle Menschen selbst in der Schule waren, erlauben sie sich viele Urteile über die Arbeit als Lehrkraft, die aber oft nur auf den eigenen, zum Teil negativen, Erfahrungen basieren.*
>
> Lehrerin, 29 Jahre alt, drei Dienstjahre

💬 In meiner Miniumfrage haben alle Befragten mindestens zwei Vorurteile genannt, die ihr/ihm auf einer Party, beim Smalltalk oder auch im Bekannten- und Freundeskreis schon einmal untergekommen sind.

✎ Sicherlich fallen auch Ihnen spontan mindestens zwei ein, oder?

Sehr spannend fand ich, dass einige der von mir Befragten dem genannten Vorurteil ungefragt eine Rechtfertigung, Erklärung oder Begründung hinterher-

Freiräume bewahren

schoben, z. B. *Ich brauche die schulfreie Zeit, um mich zu organisieren* oder *Ich arbeite im Verborgenen mehr, als die meisten denken.*

Das ist eigentlich nicht nötig. Denn so raubt die Lehrkraft sich unnötig Energie und bringt sich selbst in schlechte Stimmung. Es empfiehlt sich, anders zu reagieren.

 Hören Sie einfach weg

Lassen Sie Ihr Gegenüber ins Leere laufen, indem Sie keinerlei Reaktion auf seine Aussage zeigen. Nehmen Sie dann aber in Kauf, dass diese im Raum stehen bleibt und ggf. ein mulmiges Gefühl hinterlässt.

 Nutzen Sie Ihre Schlagfertigkeit und reagieren Sie mit Gegen- oder Nachfragen

- *Wie meinen Sie das?*
- *Habe ich das richtig verstanden? Sie behaupten …*
- *Wo haben Sie das denn gehört?*
- *Spannend, das wusste ich noch gar nicht. Welche Studie belegt das?*
- *Woher haben Sie denn diese Kenntnisse über meinen Job? Ich könnte über Ihren gar nicht so viel sagen.*
- *Das ist eine sehr harte Ansicht. Woher stammt Ihr Groll?*
- *Wann waren Sie das letzte Mal in einer Schule und was haben Sie da so erlebt?*
- *Verzeihen Sie, aber diesen Satz habe ich nun doch schon sehr oft gehört. Haben Sie noch einen weniger ausgelutschten auf Lager?*

 Nutzen Sie Ihre Schlagfertigkeit und werden humorvoll

Nehmen Sie den Aussagen ihre Ernsthaftigkeit, indem Sie mit klug-ironischen Sätzen Ihre Angreiferin / Ihren Angreifer in die Schranken weisen. Dadurch zeigen Sie Ihrem Gegenüber, dass seine Aussagen für Sie keine Relevanz haben und Sie diese deshalb auch gar nicht ernsthaft beantworten. Da einem oftmals in der akuten Situation leider kein geeigneter Spruch einfällt, ist es sinnvoll, sich ein Repertoire zuzulegen und so ein paar fertige Antworten parat zu haben.

Freiräume bewahren

So nehmen Sie Ihrem Gegenüber schnell den Wind aus den Segeln und zaubern sich selbst ein Lächeln ins Gesicht. Toll! Finden Sie nicht auch?

Aus dem Nähkästchen geplaudert …

Als Berufsanfängerin nahm ich mir die Vorurteile anderer gegenüber meinem Beruf sehr zu Herzen. Ich versuchte mit allen Mitteln, mich in einem besseren Licht darzustellen, zu erzählen, was ich alles leistete. Mit den Jahren ließ ich das aber bleiben, denn ich erlebte oftmals, dass mein Gegenüber im Grunde keine ernsthafte Debatte mit mir führen, sondern lediglich seinen Schulfrust von früher loswerden wollte. Insofern waren meine Gegenargumente verlorene Liebesmüh. Mittlerweile reagiere ich gelassen mit *Es steht dir wie allen anderen auch frei, Lehrkraft zu werden.*

Nachfolgend finden Sie ein paar Beispielsätze, um zukünftig nicht sprachlos zu bleiben, wenn wieder einmal volle Breitseite ein Spruch über Lehrkräfte kommen sollte.[37]

Vorurteil 1: *Ein überbezahlter Halbtagsjob würde mir auch gefallen*

Reagieren Sie schlagfertig:

- *Hm, warum sind Sie denn dann nicht Lehrkraft geworden?*
- *Ja, das kann ich nur empfehlen. So kommt man immer zu einem Mittagsschlaf, nachdem man vorher noch lecker mit Kolleginnen und Kollegen essen war und bevor man dann zum Sport geht.*
- *Warum machen Sie keine Umschulung? Lehrkräfte werden händeringend gesucht.*

---

[37] Beispielantworten angeregt von zwei Artikeln: https://www.cornelsen.de/magazin/beitraege/vorurteile-gegen-lehrer und https://www.betzold.de/blog/vorurteile-kontern/, 01.04.2024, 08:45 Uhr.

Freiräume bewahren

Vorurteil 2: *Wie gern hätte ich auch mal sechs Wochen Ferien am Stück*

Reagieren Sie schlagfertig:

- *Wenn Sie in Zukunft auf Reiseangebote außerhalb der Schulferien verzichten wollen, dann sollten sie schleunigst den Job wechseln.*
- *Echt? Dann sparen Sie doch Ihre Urlaubstage und nehmen Sie die auf einmal.*
- *Kommen Sie mich gern einmal während der Ferienzeit in meinem Arbeitszimmer besuchen. Dann komme ich heute vielleicht auch mal vor fünf ins Freibad.*

Vorurteil 3: *Erzählen Sie mir doch nicht, dass Sie sich nach den vielen Jahren noch vorbereiten müssen!*

Reagieren Sie schlagfertig:

- *Tue ich ja gar nicht. Ich benutze immer dieselben Schulbücher, Arbeitsblätter und Kopiervorlagen. Schließlich bleibt die Welt doch auch immer gleich, oder?*
- *Ja, es ist mir nur manchmal so schrecklich langweilig, wenn ich nichts zu tun habe. Deshalb mache ich halt doch manchmal ein neues Arbeitsblatt.*
- *Hm, machen Sie in Ihrem Beruf täglich neue Erfindungen oder was Neues?*

Vorurteil 4: *Also ein paar Stunden Kinderbetreuung am Tag würde ich auch noch wuppen*

Reagieren Sie schlagfertig:

- *Oh, das ist toll! Wir können immer motivierte Lernbegleiterinnen und Lernbegleiter brauchen.*
- *Warum haben Sie sich dann übers Homeschooling beschwert?*
- *Dann regen Sie doch eine Gesetzesinitiative zur Beschulung zu Hause an.*

Freiräume bewahren

Vorurteil 5: *Lehrkräfte sind faule Säcke*

Reagieren Sie schlagfertig:

- *Also dieses Vorurteil hat wirkliche einen Bart, oder?*
- *Wenn es faul ist, nachts zu schlafen, haben Sie recht.*

 Positives Mindset

> Das sagen Lehrkräfte …
> *Der Lehrerberuf ist nicht meine Verpflichtung, sondern ein Geschenk. Ich darf so viel Zeit mit Kindern verbringen und ihnen so viel beibringen.*
>
> Lehrer, 33 Jahre alt, vier Dienstjahre

Sicher: Nicht jedes Unterrichtsthema ist gleich spannend, nicht jeder Unterrichtstag macht Freude. Und wenn dann noch eine neue Verordnung *von oben* kommt oder Sie an Ihrem freien Tag eine Vertretungsstunde übernehmen müssen, dann verfluchen Sie alles und alle und Ihren Job überhaupt. Das ist tageweise auch okay. Aber längerfristig macht das keinen Sinn. An dieser Stelle kommt das *positive Mindset* ins Spiel. Dieser Modebegriff ist Ihnen sicherlich auch schon begegnet.

Demnach ist es bei gleichbleibenden Voraussetzungen mit einer veränderten Einstellung möglich, zu mehr Zufriedenheit und Glück zu finden. Klingt das nicht wundervoll? Sie selbst haben es also in der Hand, wie Sie auf die weniger guten Tage in Ihrem Berufsalltag schauen. Genauso wie es die zitierte Lehrkraft tut, die erkannt hat, dass sie nicht muss, sondern darf.

Es geht nun nicht darum, Ihre Sichtweise einem richtigen oder falschen Denken zuzuordnen. Das wäre anmaßend. Aber es geht darum, Ihnen Lösungsmöglichkeiten anzubieten, wie Sie Ihren persönlichen Schulalltag durch bewusste und flexible Denkansätze zu Ihrem Vorteil positiv verändern können. Natürlich

Freiräume bewahren

lässt sich eine tiefe berufliche Unzufriedenheit nicht allein durch ein positives Mindset auflösen. Hier sind Sie gefragt, in sich hineinzuspüren und ggf. weitere Schritte zu gehen. Ich versichere Ihnen aber: Ein positives Mindset schadet nie! *Also*: Packen Sie es an:

- Finden Sie knallharte Beweise, wenn Sie das Gefühl haben, dass momentan alles blöd läuft, Sie nichts hinbekommen, Ihnen immer die Zeit davonläuft usw. Woran machen Sie Ihre Misserfolge fest?
- Tauschen Sie dann gedanklich die Rollen: Was würde Ihre beste Freundin, Pippi Langstrumpf, Ihre liebste Person im Kollegium, usw. in dieser Situation sagen? Ist es wirklich so sensationell schlimm?
- Wechseln Sie die Perspektive: Wie würde Ihre vermeintlich problematische oder schwierige Situation von einem Berggipfel, aus einem Flugzeug oder vom Mond aus betrachtet wirken?
- Überlegen Sie sich vor Schulbeginn, z. B. bei der Gassirunde mit Ihrem Hund oder auf dem Schulweg: Was ist das Schlimmste, was mir heute im Unterricht passieren könnte? Und: Ist das wirklich so schlimm oder lässt es sich mitunter leicht aus der Welt schaffen oder zumindest ändern?
- Streichen Sie die Wörtchen *alles* und *immer* aus Ihrem Wortschatz.
- Fokussieren Sie sich auf sich selbst und Ihre spezielle Situation. Vermeiden Sie Sätze, in denen *die anderen* vorkommen.
- Auch wenn Ihr Schulalltag noch so grauenhaft war, so wird sich bestimmt eine positive Sache darin finden lassen. Das kann das freundliche *Guten Morgen* Ihrer Kollegin sein, der Schüler, der heute zum ersten Mal ein fehlerfreies Diktat abgeliefert hat, oder die Schülerin, die Ihnen die Tür aufgehalten hat, als Sie ihr mit einer Kiste voller Dinge für den Kunstunterricht in der einen und Ihrer Schultasche in der anderen Hand entgegengekommen sind.
- Versuchen Sie, Ihren Blickwinkel auf die Dinge zu richten, die Sie selbstständig beeinflussen können und darauf, aus diesen dann das Beste zu machen.

Freiräume bewahren

Aus dem Nähkästchen geplaudert …

Mit dem Begriff des *positiven Mindset* ist eine positive Grundstimmung gemeint. Dies sollte aber nicht zu *toxischer Positivität* führen. Keine Person sollte affektiert dauerlächeln, zwanghaft versuchen, alles leicht zu nehmen und jeder Situation etwas Gutes abzugewinnen. Manchmal schafft man es aber einfach nicht, eine Situation gelassen anzunehmen oder in ihr etwas Positives zu entdecken. Manches im Leben kann nicht einfach durch eine *Feel-good-Haltung* verändert werden, z. B. eine schwere Erkrankung, eine Ehekrise, ein Hausbrand oder eine Klasse mit vielen besonders fordernden Schülerinnen und Schülern. Dann ist es wichtig, sich das tagesaktuell negativere Mindset einzugestehen. Statt *good vibes only* heiße ich lieber alle Emotionen willkommen, bin auch mal schlecht gelaunt und mürrisch, um dann am Tag darauf wieder hoffnungsfroh, aber nicht platt optimistisch, in die Zukunft zu blicken.

Resilienz

Der Begriff stammt vom lateinischen Begriff *resilir = zurückspringen* oder *abprallen* ab. Die Ersterwähnung des Begriffs geht auf den Psychologen Jack Block (1977) zurück, der Untersuchungen mit (Klein-)Kindern machte. Der Durchbruch des Begriffs kam dann mit der Kauai-Studie von Emmy Werner und ihrem Team. Sie begleiteten über 40 Jahre hinweg fast 700 Kinder eines Jahrgangs auf der Hawai-Insel Kauai. Einem Drittel davon gelang es trotz schwieriger Lebensbedingungen, wie z. B. Armut, drogensüchtiger Eltern oder geringer Bildung, ein zufriedenstellendes, erfolgreiches und gesundes Leben aufzubauen. Werner kam zum Schluss, dass es sich um eine den Kindern eigene Fähigkeit und spezielle Wahrnehmung ihrer Situation handeln muss, die sie mit dem Begriff Resilienz verbanden. Verschiedene Studien, unter anderem mit Kindern, die im Konzentrationslager oder während des Ceaușescu-Regimes in rumänischen Waisenhäusern groß wurden, oder auch zwei Studien aus den 1980- und 1990er-Jahren, die Mannheimer Risikokinderstudie und die Bielefelder Invulnerabilitätsstudie, bestätigen Werners Arbeiten.[38]

Resilienz ist in aller Munde. Verfügt eine Person über viel Resilienz, so tritt sie belastenden Ereignissen, Alltagstrubel und Überforderungssituationen unempfindlich gegenüber und nimmt die damit verbundenen Herausforderungen, Anstrengungen positiv gestimmt an. Für diesen Ratgeber habe ich mich mit Bianca Kaminsky, einer absoluten Expertin, über dieses immer mehr an Bedeutung gewinnende Wort und Thema unterhalten. Sie ist Stressmentorin und weiß, wie Lehrkräfte um einiges gestärkter, gelassener und sich selbst wertschätzender werden können.

---

[38] https://www.fluchtundresilienz.schule/wp-content/uploads/2018/10/Weitere-Studien.pdf, 01.04.2024, 9:33 Uhr.

Resilienz

Interview zum Thema Resilienz mit Bianca Kaminsky

Annette Holl: Liebe Frau Kaminsky, Sie waren selbst mal Lehrkraft, haben sich dann aber beruflich umentschieden. War Ihnen der Beruf zu stressig?

Bianca Kaminsky: Als ich von Hessen nach Bayern umzog, konnte ich dort mit meiner Fächerkombi nicht als Lehrerin weiterarbeiten. Damals wurde meine Resilienz ordentlich auf die Probe gestellt. Und ich sagte mir: *Dann mache ich eben etwas anderes*. So wurde ich Unternehmerin auf Umwegen. Rückblickend ein Glücksfall. Mein Verlag, die *Lernbiene,* war lange Zeit mein berufliches Zuhause. Doch vor zwei Jahren habe ich den Verlag hinter mir gelassen, um mich einem anderen Bereich zu widmen: der mentalen Gesundheit von Lehrkräften. In meiner Zeit als Bildungsverlegerin bekam ich hautnah mit, dass viele engagierte Lehrkräfte sehr viel für ihre Schülerinnen und Schüler tun – und oft zu wenig für sich selbst.

Annette Holl: Sie bieten Onlineworkshops an und kommen auch für ein Coaching in Kollegien. Welche Gründe für Unzufriedenheit im Lehrerinnenjob begegnen Ihnen hier?

Bianca Kaminsky: Interessanterweise begegnet mir zwar auch Unzufriedenheit – dennoch überwiegt das Positive. Ich erlebe unglaublich engagierte Lehrkräfte, die mir sagen: *Ich liebe meinen Beruf. Trotz allem.* Wenn wir dann auf das *trotz allem* zu sprechen kommen, stecken ganz unterschiedliche Dinge dahinter: fehlender Austausch im Kollegium, keine Pausen, herausfordernde Kinder, mangelnde Wertschätzung oder auch das Gefühl, es als Lehrkraft nie

Resilienz

allen recht machen zu können. Was ich jedoch immer wieder höre: Es gibt schlicht und ergreifend zu viele Anforderungen. Die Worte *zu viel* stehen also fast immer im Raum.

Annette Holl: Resilienz ist ein Modewort. Können Sie das mit Inhalt füllen?

Bianca Kaminsky: Wenn es eine Mode wäre, dann wäre Resilienz der älteste Trend der Welt. Vieles von dem, was resiliente Menschen tun, gibt es seit Beginn der Menschheit. Resilienz ist unsere psychische Widerstandsfähigkeit. Sie ist sozusagen das Immunsystem unserer Psyche (nach Ella Gabriele Amann). Ein passender Vergleich. Wir alle verstehen, wie wichtig unser körperliches Immunsystem ist. Es produziert zum Beispiel Antikörper, um uns vor Gesundheitsgefahren zu schützen. Das psychische Immunsystem will dasselbe für uns. Statt Viren bedrohen uns hier Krisen oder Stress. Die Antikörper unseres psychischen Immunsystems sind Schutzfaktoren, wie zum Beispiel Netzwerkorientierung und Selbstregulation. Es ist wichtig, auch dieses Immunsystem zu stärken.

Annette Holl: Ich bin bei Ihnen auf den Begriff des Wertschätzungsdominos gestoßen. Ich bin mir sicher, dass diese Methode auch für mehr Zufriedenheit bei den Lesenden dieses Ratgebers/Workbooks sorgen wird.

Bianca Kaminsky: Resilienz und Wertschätzung gehören für mich zusammen. Wenn wir wertgeschätzt werden, laufen in unserem Organismus viele gesundheitsstärkende Prozesse ab:
Unser Belohnungszentrum wird aktiviert und schüttet Dopamin aus. Wir fühlen uns motiviert und konzentriert, sind einfach glücklicher.

Auch das Immunsystem wird durch Wertschätzung gestärkt. Nur irgendjemand muss den ersten *Dominostein* antippen, also eine andere Person aufrichtig wertschätzen. Wenn ich zum Beispiel einer Kollegin Montagmorgen Wertschätzung zeige, stehen die Chancen gut, dass sie dasselbe tut: Womöglich bringt sie einer Schülerin oder einem Schüler Wertschätzung entgegen. Oder der anwesenden Heilpädagogin. Oder dem neuen Referendar. Wertschätzung ist ansteckend.

Annette Holl: Haben Sie eine Miniübung, die Lehrkräfte im Schulalltag sofort gelassener werden lässt?

Bianca Kaminsky: Eindeutig ja und ich möchte sie Ihnen und den Lesenden hier gern schenken: Es ist der *Butterfly Hug*. Diese Miniintervention wirkt sich unmittelbar stressregulierend auf die Amygdala aus, also das neuronale Stresszentrum im Gehirn.
So geht's: Kreuzen Sie die Arme vor der Brust. Die Fingerspitzen berühren das Schlüsselbein. Klopfen Sie nun abwechselnd mit den Fingerspitzen auf die Stelle unter Ihrem Schlüsselbein. Die Hände bestimmen das Tempo. Klopfen Sie so lange, bis Sie sich ruhiger fühlen. Diese Übung führen wir gern an unserem Stand auf der didacta durch. Es ist dann immer wieder wunderbar, die erfreuten Gesichter der Leute zu sehen. Der Butterfly Hug ist total intuitiv, daher kann man ihn auch gut mit Kindern durchführen.

Annette Holl: Vielen Dank für das interessante Gespräch! Wir haben morgen eine Konferenz. Da werde ich den Butterfly Hug gleich mal bei mir im Kollegium anregen.

Resilienz

◇ *Trainieren Sie Ihre Resilienz-Muskeln*

Edith Grotberg, eine US-amerikanische Entwicklungspsychologin, fasste 2011 in einem Modell *Resilienzquellen* zusammen, quasi unsere vier *Resilienzmuskeln*:

1. Ich HABE   2. Ich BIN   3 Ich KANN   4. Ich MAG[39]

Diese lassen sich wie sämtliche Muskeln im Körper trainieren. Die Resilienzmuskeln werden stärker und die Menschen somit resilienter gegenüber Herausforderungen und Krisen.

Notieren Sie Ihre Stärken und Kraftquellen:

🖋 Ich HABE (Menschen, auf die Sie zählen und sich verlassen können)

....
....
....
....
....

🖋 Ich BIN (Charaktereigenschaften, Fähigkeiten)

....
....
....
....
....

---

[39] Grotberg, Edith H. (2011): Anleitung zur Förderung der Resilienz von Kindern.

Resilienz

🕊 Ich KANN (Leistungen, auf die Sie stolz sind)

....

....

....

....

🕊 Ich MAG (Aktivitäten, die Sie gerne machen, Ihnen ein gutes Gefühl geben)

....

....

....

....

✧ *Selbstfürsorge*

> Das sagt eine Lehrkraft …
> *Es ist mir wichtig, meinem Schlafrhythmus treu zu bleiben, egal wie stressig es ist. Falls es möglich ist, versuche ich, in stressigen Phasen auch Aufgaben zu delegieren, z. B. an die FSJ-Kraft, und Prioritäten zu setzen.*
> Lehrerin, 35 Jahre alt, acht Dienstjahre

Auf seinen Körper, seine Taten, Gedanken und Worte zu achten, ist wichtig. Das wissen Sie. Zumindest in der Theorie, oder? Aber was ist im Trubel des Alltags? Vergessen Sie es da doch gerne mal? Legen Sie z. B. am Schuljahresende Nachtschichten ein, um die Zeugnisse zu schreiben, trinken schnell im Stehen einen Kaffee im Lehrerzimmer, bevor es zum Unterricht geht, oder unterdrücken den gesamten Schulvormittag über Ihren Harndrang? Die zitierte

Resilienz

Lehrkraft hingegen zeigt auf, wie wichtig es ist, an sich selbst zu denken und die eigenen Grundbedürfnisse nicht zu übersehen. Erlauben Sie sich, Ihre eigenen Bedürfnisse in den Fokus zu nehmen. Denn wer sich selbst vergisst, sich für andere aufopfert, alle Aufgaben mit äußerster Gewissenhaftigkeit erledigt, wird auf längere Sicht auf der Strecke bleiben und gestresst, dauermüde, überfordert, gereizt, mitunter im Burn-out landen (siehe Seite 31). Selbstfürsorge ist absolut essenziell. Nur wer auf sich achtet, wird körperlich wie geistig gesund bleiben und kann auch weiterhin für seine Schülerinnen und Schüler, seine Freundinnen und Freunde und seine privaten Liebsten da sein.

Wie können Sie selbstfürsorglich und achtsam mit sich umgehen?

Resilienz

 Selbstfürsorge im Alltag

Hier noch ein paar weitere Ideen:
- Fangen Sie klein an, indem Sie Ihrem Spiegelbild schon am Morgen im Badezimmer ein Lächeln schenken.
- Etablieren Sie ein Morgenritual, das Sie für sich allein praktizieren: Zehn Minuten Yoga, eine kurze Meditation, eine Tasse Kaffee, bevor alle aufstehen, oder auch eine Runde Tanzen zu laut aufgedrehter Radiomusik.
- Achten Sie darauf, genügend zu schlafen.
- Trinken Sie ausreichend Wasser oder Tee. Denn zu wenig Flüssigkeitszufuhr macht müde und unkonzentriert. Nutzen Sie hierzu ggf. eine Trink-App, um das Trinken zuverlässig in Ihren Tag zu integrieren.
- Sorgen Sie für Ich-Zeit (siehe Seite 97).
- Täglich 30 Minuten Bewegung an der frischen Luft im moderaten Pulsbereich sind optimal. Dabei muss es nicht immer Sport bis zur Belastungsgrenze sein. Auch ein Spaziergang ist förderlich. Sie entspannen dabei Ihre Rücken- und Schultermuskulatur, tanken Vitamin D und atmen tief.
- Suchen Sie sich ein Hobby, das Sie aus Ihrem Gedankenstrudel im Kopf in Ihren Körper und in die Ruhe bringt: Yoga, Meditation, Schwimmen.
- Legen Sie sich Ihre Kleidung für den nächsten Tag schon am Vorabend zurecht. Das spart morgens ein paar Minuten. Falls Sie gerne noch etwas Spontanität haben möchten, halten Sie zwei Outfits parat.
- Sorgen Sie für handy- und socialmediafreie Zeiten. Legen Sie Ihr Handy z. B. während der Schulvorbereitung weg.
- Denken Sie an die regelmäßigen Vorsorgeuntersuchungen. Früherkennung kann Ihr Leben retten.

Resilienz

> **Aus dem Nähkästchen geplaudert …**
>
> Ich nehme meine Fahrtwege zur Schule mittlerweile sehr bewusst wahr. Auf der Hinfahrt bringe ich mich mit guter Musik in Stimmung und auf der Rückfahrt genieße ich die Stille nach dem Dauergeplapper am Morgen und dem Familientrubel, der mich zu Hause überfallen wird. So habe ich kleine selbstfürsorgliche Inseln im Alltag.

 Selbstfürsorge in der Schule

- Achten Sie darauf, im Laufe eines Schulvormittags auf jeden Fall einmal die Toilette aufzusuchen. Nicht selten unterdrücken Lehrkräfte bis Schulschluss ihren Harndrang.
- Auch während des Unterrichts bieten sich Möglichkeiten, um sich zu bewegen. Schlendern Sie also, während Sie etwas erklären, durch die Klasse. Oder nutzen Sie schriftliche Lernphasen, um sich im Klassenraum zu bewegen.
- Die aktiven Bewegungspausen Ihrer Schülerinnen und Schüler sollten Sie selbstverständlich, schon wegen der Vorbildfunktion, immer mitmachen.
- Sorgen Sie mit bunten Kissen in der Leseecke, Pflanzen oder einer freundlichen Wandfarbe für eine angenehme Atmosphäre, die nicht nur den Lern-, sondern auch den Lebensraum Schule kennzeichnet. Diese kommt Ihnen wie auch Ihren Schülerinnen und Schülern gleichermaßen zugute.
- Erlauben Sie sich, im Klassenzimmer auch etwas Persönliches von sich einziehen zu lassen. So können Sie z. B. ein Foto von sich und Ihrer Familie auf Ihr Pult stellen. Das erinnert Sie an Ihr Leben außerhalb der Schule.
- Auch ein Aufsteller mit inspirierenden Sprüchen/Lebensweisheiten ist ein schönes Wohlfühlgimmick.
- Warum nicht einzelne Sprüche auf Post-its schreiben und diese zu Beginn des Schuljahres willkürlich auf einzelne Seiten Ihres Schulplaners kleben? Sicherlich werden Sie so immer wieder ein Lächeln bei sich erzielen.

Resilienz

> **Aus dem Nähkästchen geplaudert …**
>
> Früher kam ich oft sehr durstig nach Hause, weil ich in der Schule zu trinken vergaß. Seitdem ich mir angewöhnt habe, mir einen Thermobecher mit Tee oder eine Mineralwasserflasche ins Klassenzimmer zu stellen, und mir zum Ziel setze, diese leer mit nach Hause zu nehmen, bin ich nie mehr durstig. Ein inspirierender Spruch auf einem meiner Becher *Enjoy the little things* motiviert mich zusätzlich.

⟡ *Selbstfürsorge im Arbeitszimmer*

Als Lehrkraft sind Sie zwar räumlich recht flexibel und müssen Ihre Arbeit nicht zwingend in einem Arbeitszimmer erledigen (siehe dazu auch Seite 58). Im Sinne einer gesunden Work-Life-Balance ist es aber förderlich, den Großteil Ihrer schulischen Aufgaben größtenteils im Arbeitszimmer zu erledigen. Hier ein paar Anregungen:

- Entfernen Sie aus dem privaten Bereich möglichst alles, was mit der Schule zu tun hat.
- Richten Sie Ihr Arbeitszimmer nach Ihrem Geschmack zweckdienlich, aber dennoch gemütlich ein.
- Achten Sie darauf, dass Ihr Arbeitszimmer möglichst immer aufgeräumt und ordentlich ist. Äußere Ordnung schafft innere Ordnung.
- Bewahren Sie nur ausschließlich notwendige Materialien auf.
- Etablieren Sie ein effizientes Ordnungssystem (siehe Seite 84).
- Gönnen Sie sich einen bequemen Arbeitsstuhl und einen großflächigen Schreibtisch.
- Im Sinne der Rückengesundheit ist ein höhenverstellbarer Schreibtisch eine lohnenswerte Anschaffung. Denn einer Studie zufolge leidet ein Viertel der deutschen Lehrkräfte an Rückenschmerzen.[40]

---

[40] https://www.dak.de/dak/bundesthemen/40-prozent-der-grundschullehrer-sind-muede-und-erschoepft-2116126.html#/, 01.04.2024, 07:58 Uhr.

Resilienz

- Visualisieren Sie Ihre Erfolge und hängen Sie z. B. Urkunden von Wettbewerben, Zertifikate von Fortbildungen oder Briefe und selbst gemalte Bilder von Schülerinnen und Schülern auf.
- Dekorieren Sie aufgrund des Ablenkungspotenzials in Maßen, aber verzichten Sie dennoch nicht komplett auf schöne Dinge, an denen Sie sich erfreuen können.

 Loben Sie sich selbst

Für Ihre Schülerinnen und Schüler haben Sie ganz bestimmt regelmäßig ein Lob auf Lager und stärken so deren Selbstvertrauen. Aber wie oft haben Sie für sich selbst liebe Worte übrig und feiern Ihre persönlichen Erfolge? Wahrscheinlich selten bis gar nicht. Das ist sehr schade, denn Lob und Stolz fördern gute Gefühle zutage und sorgen für seelisches Wohlbefinden.

Die Redewendung *Eigenlob stinkt* hält sich leider hartnäckig in den Köpfen vieler. Dabei sollte sie im Sinne einer guten Selbstfürsorge wohl *Eigenlob stimmt* oder gar *Eigenlob hilft* heißen.[41]

Warum nutzen Sie diese Wirkung nicht für sich selbst? Loben Sie sich von jetzt an viel häufiger für etwas, das Sie getan, gelernt, erkannt, geschafft oder auch *nur* ausprobiert haben. Dadurch machen Sie sich frei(er) von den Erwartungen und Wünschen anderer, bekommen Anerkennung durch sich selbst. Sie sind schlussendlich mehr bei sich, ruhiger und zufriedener. Zudem steigt Ihr Selbstwertgefühl.

Mit gutem Willen und etwas Übung finden Sie sicherlich einiges, wofür Sie sich loben können. Sagen Sie sich das doch zukünftig etwas häufiger und verpassen Sie sich eine *warme Dusche voller Lob*:

---

[41] Das Ministerium für Glück und Wohlbefinden hat 2019 eine Adventsaktion mit dem Hashtag #EigenlobStimmt in den Sozialen Medien initiiert.: https://ministeriumfuerglueck.de/shop/aufkleber-set-eigenlob-stimmt-5-motive/, 01.04.2024, 08:12 Uhr.

Resilienz

- Lassen Sie am Abend den Tag Revue passieren und loben Sie sich mindestens für eine Sache, die an Ihrem Schultag gut gelaufen ist:
  → *Ich habe heute schon die Hälfte meiner Korrekturen erledigt. Gut gemacht.*
  → *Ich habe endlich den Kontakt mit der Schulleitung gesucht. Ich bin stolz darauf, wie ich das schwierige Gespräch gemeistert habe.*
- Überlegen Sie sich in einer Situation, die Ihnen wenig lobenswert erscheint, was Sie daran positiv sehen könnten. Falls Ihnen das schwerfällt, dann überlegen Sie sich, was die positivste Person, die Sie kennen, in dieser Situation loben würde.

Lesen Sie sich die folgenden Sätze durch und füllen die Lücken für Sie passend aus oder wiederholen Sie die Sätze schriftlich:

① _____ habe ich gut gemacht.

② Schön, dass ich mich um _____ bemüht habe.

③ Ich bin stolz, dass ich _____ durchgehalten habe.

④ Ich war mutig, als ich _____ probiert habe.

⑤ _____ ist mir gut gelungen.

⑥ _____ hat toll geklappt.

⑦ Ich bin schön! _____

⑧ Ich bin wichtig! _____

⑨ Ich bin stolz auf mich! _____

⑩ Ich bin wertvoll! _____

⑪ Ich bin mutig! _____

Resilienz

◆ *Wertschätzender Selbstblick*

Bei allem, was Sie im Laufe eines Schultages oder einer Schulwoche geleistet haben, wird es etwas geben, mit dem Sie nicht hundertprozentig zufrieden sind, wo Sie an Ihre Grenzen kamen oder was einfach keinen Spaß gemacht hat. Versuchen Sie, diesen Dingen nicht die Macht zu geben, alles andere, was Sie gut gemeistert haben, zu überdecken.

Schauen Sie wertschätzend auf sich selbst.[42]
Schreiben Sie auf:

🐚 Das sind drei positive Eigenschaften an meiner Freundin / meinem Freund:

....
....
....
....
....
....

🐚 Das sind drei positive Eigenschaften an mir:

....
....
....
....
....
....

---

[42] Fragen mit freundlicher Genehmigung von Bianca Kaminsky übernommen: https://www.instagram.com/p/Ctb_zZGNxpO/?img_index=5, 01.04.2024, 14:01 Uhr, 9:35 Uhr.

Resilienz

🕊 Auf diese Dinge bin ich stolz:

....
....
....
....
....
....
....

🕊 Das ist mir in dieser Schulwoche gut gelungen:

....
....
....
....
....
....
....

 Entwickeln Sie Routinen

Dieser Ratgeber bringt Sie dazu, über Ihre Angewohnheiten im (Schul-)Alltag nachzudenken. Sie haben auf den vorherigen Seiten sicherlich das ein oder andere erkannt, dass Sie optimieren oder löschen möchten. Dies wird nicht von heute auf morgen klappen, sondern bedarf einer Regelmäßigkeit. Machen Sie sich zunächst Routinen bewusst, die Sie verändern oder ablegen möchten.

Resilienz

Diese wertschöpfenden, kraftgebenden und/oder Ruhe bringenden Routinen möchte ich in Zukunft etablieren:

....

....

....

....

Vielleicht ist hier noch etwas für Sie dabei? Kreuzen Sie an:
- ☐ lesen
- ☐ künstlerisch tätig sein
- ☐ Dankbarkeit/Achtsamkeit praktizieren
- ☐ etwas Neues ausprobieren und zwar: ....
- ☐ mehr körperliche Bewegung und zwar: ....
- ☐ Tagebuch schreiben
- ☐ gesunde Ernährung
- ☐ meditieren
- ☐ To-do-Listen führen

Wir sind das, was wir wiederholt tun. Erfolg ist daher keine Handlung, sondern eine Gewohnheit. – Aristoteles[43]

---

[43] https://www.aphorismen.de/zitat/12065, 01.04.2024, 12:08 Uhr.

Die Sache mit dem Glück

 Verschaffen Sie sich Glücksmomente!

> Das sagt eine Lehrkraft …
> *Lehrkraft zu sein, ist wundervoll, weil die Kinder mir jeden Tag ein Stückchen Glück mitbringen und mir so viele Fehler verzeihen.*
> Schulleiterin einer Grundschule, 42 Jahre alt, 18 Dienstjahre

Die Vereinten Nationen haben das „Streben nach Glück als ein grundlegendes menschliches Ziel"[44] anerkannt. Als Parameter für die Lebensqualität in einem Land wird mittlerweile nicht mehr das Bruttoinlandsprodukt, sondern das „Bruttoglücksprodukt"[45] herangezogen. Leider ist dies in Deutschland tatsächlich nicht sehr hoch. So sind einer Umfrage vom Winter 2022/23 nur 20 Prozent der Deutschen glücklich und im *World Happiness Report* steht Deutschland auf dem 16. Platz.

Lassen Sie uns daran arbeiten, dass sich dies ändert und das Glück auch bei Ihnen im Klassenraum Einzug hält so wie bei der Lehrkraft im Zitat. Das ist durch Ihr eigenes Tun möglich! Schließlich sagt die Glücksforschung, dass wir unser Glücksvermögen zu 40 % durch unser bewusstes Handeln lenken können: 50 % sind angeboren, 10 % von Umständen wie Sicherheit, Gesundheit, Schönheit und Reichtum abhängig. Insofern sind es also nicht materielle Dinge, die uns zufrieden machen, sondern wenn wir etwas Schönes erleben oder etwas gut hinbekommen.

---

[44] https://www.nationalgeographic.de/wissenschaft/2023/03/gluecksforschung-was-wir-wirklich-brauchen-um-gluecklich-zu-sein-psychologie-skandinavien-deutschland, 01.04.2024, 12:08 Uhr.

[45] https://dgvn.de/fileadmin/user_upload/menschenr_durchsetzen/bilder/Themen/Glueck_als_Menschenrecht/ar65309.pdf, 01.04.2024, 12:09 Uhr.

Glück

Demnach macht uns nicht der Pool in unserem Garten, sondern das Gefühl vom Schwimmen am Morgen in diesem Pool glücklich.[46]

 Was sind überhaupt die größten Glücksquellen?

Die Harvard-Studie, die weltweit längste Studie zum Thema Glück, sagt ganz klar, dass es in erster Linie persönliche, zwischenmenschliche Beziehungen, auf privater wie beruflicher Ebene, sind, die glücklich machen.[47] Ebenso wichtig seien freundliche Handlungen und das Erleben von Glück mit allen Sinnen, wie z. B. bei einem besonderen Essen, Sonne auf der Haut oder der Duft von Blumen. Wohlstand hingegen mache nicht glücklich, sorge aber für Lebenszufriedenheit.[48]

> Vor diesem Hintergrund erstaunt es nicht, dass die Lehrkräfte in meiner Miniumfrage hinsichtlich ihrer Glücksmomente nicht von *schönen Lehrbüchern* oder *teuren Klassenzimmermöbeln* sprechen, sondern von *funkelnden Kinderaugen* oder dem *Sommersportfest*.

Glück ist also etwas, dass stark durch unser eigenes Tun und Empfinden entsteht. Sorgen Sie dafür, dass Sie durch möglichst viele Glücksmomente – allein und vor allem auch mit Ihren Schülerinnen, Schülern und dem Kollegium zusammen – und -erlebnisse Ihren persönlichen Glücksindex steigern. Machen Sie sich und Ihre Schulkinder und Ihr Kollegium glücklich:

- Schaffen Sie im Unterricht oder im Kollegium humorvolle Situationen, die Sie zum Lächeln oder im Optimalfall sogar zum richtigen Lachen bringen. Ein Lachanfall ist etwas Wunderbares!

---

[46] https://dgvn.de/fileadmin/user_upload/menschenr_durchsetzen/bilder/Themen/Glueck_als_Menschenrecht/ar65309.pdf, 01.04.2024, 12:09 Uhr.
[47] https://www.adultdevelopmentstudy.org, 01.04.2024, 11:58 Uhr.
[48] https://www.pnas.org/doi/full/10.1073/pnas.1011492107 01.04.2024, 12:05 Uhr oder
https://www.adultdevelopmentstudy.org, 01.04.2024, 12:11 Uhr.

Glück

- Gehen Sie geistig in Ihre Kindheit zurück. Was hat Sie damals zum Lachen gebracht? Was hat Sie damals glücklich gemacht? Erzählen Sie Ihren Schülerinnen und Schülern doch mal davon.
- Sorgen Sie durch persönliche Erzählungen und authentisches Auftreten, in dem Rahmen, der für Sie passt, für eine gute Beziehung zu Ihren Mitmenschen, Ihrem Kollegium und Ihren Schülerinnen und Schülern (siehe Seite 35).
- Heften Sie Haftnotizzettel mit einer Message an sich selbst (*Du bist toll!*) oder einem Smiley an Ihren Kalender oder den Ordner mit Ihren Unterrichtsunterlagen. Das zaubert Ihnen sicherlich auch an stressigen Tagen ruckzuck ein Lächeln ins Gesicht und Sie sind für einen (kurzen) Moment glücklich. *PS: Sicherlich freuen sich auch Ihre Schülerinnen und Schüler über solche kurzen Glücksreminder.*
- Suchen Sie sich als Ausgleich zur kopflastigen Arbeit eine Beschäftigung für Ihre Freizeit, in der Sie sich wohlfühlen und begeistert aufgehen, also im *Flow* sind. Machen Sie Gartenarbeit, treiben Sie Sport oder schreiben Sie Liebesromane. Sorgen Sie so für eine Entlastung für Ihr Gehirn und Ihre Seele.
- Führen Sie sich immer wieder bewusst vor Augen, was Sie in der Schule glücklich macht. So finden Sie an Tagen, die etwas unrund gelaufen sind, schnell wieder zu Ihrer inneren Balance und wissen, warum Sie Ihren Job machen. Visualisieren Sie das Erlebnis dabei so konkret wie möglich.

Beantworten Sie hierzu (erneut) die Frage aus der Miniumfrage, die ich zu Beginn des Ratgebers vorgestellt habe:

🖋 Diese Momente in der Schule machen mich glücklich:

....

....

....

....

Glück

Als ganz besonderes Schmankerl habe ich einen schulischen Glücksspeicher für Sie gefüllt. Er enthält Antworten aus meiner Miniumfrage. Holen Sie sich heraus, was Ihnen guttut. Visualisieren Sie sich die Situation so intensiv wie möglich und spüren Sie richtig hinein, sodass Sie genauso glücklich sind wie die Person, die davon berichtet.

Der ultimative Lehrkräfte-Glücksmomente-Speicher …

Ich bin glücklich, wenn …

- *ich mit der Zeit und meiner Planung gut hinkomme.*
- *meine Schülerinnen und Schüler begeistert meine Lernangebote annehmen.*
- *meine Schülerinnen und Schüler einen Aha-Moment erleben.*
- *meine Schülerinnen und Schüler sichtlich stolz über ihre Fortschritte sind.*
- *ich das Klassenzimmer betrete und der Unterricht beginnt.*
- *der Startschuss für das Sommersportfest abgegeben wurde.*
- *meine Schülerinnen und Schüler respekt- und liebevoll miteinander umgehen und einen guten Umgangston pflegen.*
- *ich meine Schülerinnen und Schüler mit einer Thematik so richtig mitreißen kann.*
- *mich große, funkelnde Kinderaugen anschauen.*
- *meine Schülerinnen und Schüler voller Motivation, Vertrauen und Zuneigung mit mir interagieren.*
- *meine Schülerinnen und Schüler mir sagen oder durch Bilder und kleine Geschenke zeigen, dass sie mich gernhaben.*
- *ich von Eltern positive Rückmeldungen bekomme.*
- *ich am Morgen jedem Kind einzeln in die Augen schaue und Guten Morgen sage.*
- *ich bemerke, dass meine Schülerinnen und Schüler etwas verinnerlicht haben.*
- *meine Schülerinnen und Schüler und ich gemeinsam lachen können.*

Glück

> **Was ist denn bitte die Flowtheorie?**
>
> Das Gefühl des völligen Aufgehens und Sichvertiefens in einer Tätigkeit wird als Flowzustand beschrieben. Der Mensch in einem solchen Zustand ist sich zwar all seiner Handlungen bewusst, aber nicht sich selbst. Diese Flowzustände entstehen dann, wenn die Aktivität perfekt zu einer Person passt und sie für diese genau zwischen Über- und Unterforderung liegt. So kommt es zum Selbst- und Zeitvergessen. Die Forschungen zu diesem Thema sind eng mit dem Namen Mihály Csíkszentmihályi verbunden.[49]

 Steigern Sie Ihr Selbstwertgefühl

Auf den vorherigen Seiten haben Sie vielfältige Tipps bekommen, die Ihnen helfen sollen, Ihre Arbeit, Ihre Persönlichkeit, Ihren (Schul-)Tag genauer im Blick zu haben. Wenn Sie so viel wie möglich davon umsetzen, werden Sie einen positiven Zugang zu sich selbst finden und selbstliebender unterwegs sein.

Ich möchte Ihnen zum Abschluss dieses Ratgebers noch zwei Dinge ans Herz legen:

Das erste ist eine Übung, mit der Sie durch die Kraft Ihrer eigenen Worte Ihren Selbstwert in kurzer Zeit steigern können. Lust darauf? Los geht's!

---

[49] Csíkszentmihályi, Mihály (1985) ; Das Flow-Erlebnis Jenseits von Angst und Langeweile: Im Tun aufgehen.

Glück

10-10-10-Übung[50]

✎ Notieren Sie sich Ihre zehn besten Eigenschaften:

....
....
....
....
....
....
....
....
....
....
....
....
....
....

✎ Lesen Sie sich diese Liste in den nächsten zehn Tagen jeweils zehnmal vor.

So kommen Sie auf 1000 positive Gedanken über sich selbst.

---

[50] https://www.emotion.de/psychologie-partnerschaft/persoenlichkeit/wie-dich-die-10-10-10-uebung-selbstbewusster-macht, 01.04.2024, 14:37 Uhr.

Glück

 Power-Selbstwert-Affirmationen

Das zweite sind Power-Selbstwert-Affirmationen. Sagen Sie sich diese täglich, z. B. beim Aufstehen, beim Zubettgehen oder beim Abwasch.

Ich stehe zu mir.

Ich übernehme Verantwortung für mich.

Ich weiß, was ich kann.

Ich weiß, was ich will.

Ich vergleiche mich nicht mit anderen.

Ich bin gut genug.

Ich bin nicht mein Job.

Ich behandle mich so wie meine beste Freundin / meinen besten Freund.

Es läuft gut bei mir.

Heute gelingt mir alles.

Ich bin wichtig für die Schule.

Ich bin wichtig für meine Familie.

Ich habe schon viel erreicht in meinem Leben.

Ich bin wundervoll.

Ich muss nicht, ich darf.

Ich bin genug.

Literaturverzeichnis

Bergner, T. (2004): Burn-out bei Ärzten. Lebensaufgabe statt Lebens-Aufgabe. Deutsches Ärzteblatt, 101, 33, A-2232 / B-1866/ C-1797.

Cammarata, Patrica: Raus aus der Mental Load Falle. Beltz 2020.

Csíkszentmihályi, Mihály; Das Flow-Erlebnis Jenseits von Angst und Langeweile: Im Tun aufgehen. Klett-Cotta 1985.

Grotberg, Edith H.: Anleitung zur Förderung der Resilienz von Kindern – Stärkung des Charakters. In: Zander, Margeritha (Hrsg.) 2011: Handbuch Resilienzförderung. Wiesbaden: VS Verlag für Sozialwissenschaft, S. 51–101.

Linkverzeichnis

https://kooperationsstelle.uni-goettingen.de/projekte/arbeitszeitstudie

https://deutsches-schulportal.de/bildungswesen/mark-rackles-studie-telekom-stiftung-wie-ein-neues-arbeitszeitmodell-aussehen-kann/

https://www.lehrerfreund.de/schule/1s/lehrertyp/2967

https://www.welt.de/politik/deutschland/article135197907/Jeder-dritte-Lehrer-klagt-ueber-Burn-out.html

https://ave-institut.de/fuer-mehr-pausen-im-schulalltag/

https://ave-institut.de/mental-load-im-lehrerberuf/

https://www.impulse.de/selbstmanagement/braindump/7449527.html

https://www.cbs.mpg.de/selbststaendige-forschungsgruppen/social-stress-and-family-health

https://www.drda.at/a/385_INFAS_45/Work-Life-Balance-Richtlinie-Ein-Schritt-in-Richtung-sozialeres-Europa,

https://asana.com/de/resources/eisenhower-matrix

https://www.bosch-stiftung.de/de/news/viele-lehrkraefte-sind-einzelkaempfer

https://deutsches-schulportal.de/schulkultur/forsa-umfrage-viele-lehrkraefte-sind-immer-noch-einzelkaempfer/

Linkverzeichnis

https://www.yoga-aktuell.de/gesundheit-und ayurveda/achtsamkeit/lehrergesundheit-yoga-und-achtsamkeit-fuer-lehrer/

https://www.psychologie-heute.de/beruf/artikel-detailansicht/40317-wie-koennen-lehrer-gesund-bleiben.html

https://ave-institut.de/fuer-mehr-pausen-im-schulalltag/

https://www.resilienz-akademie.com/one-minute-meditation/

https://www.planet-wissen.de/gesellschaft/psychologie/achtsamkeit/index.html

https://www.planet-wissen.de/gesellschaft/psychologie/achtsamkeit/index.html

https://www.diekleinepause.de/91-die-pausenfreundliche-schule/

https://www.resilienz-akademie.com/one-minute-meditation/

https://www.mylife.de/gesunder-schlaf/mittagsschlaf/

https://www.cornelsen.de/magazin/beitraege/achtsamkeit

https://www.instagram.com/p/CwUGJxysZjD/

https://www.stern.de/gesundheit/atemuebungen--stress-wegatmen---fuer-mehr-gelassenheit-im-alltag-31633058.html

https://www.sueddeutsche.de/bildung/unterricht-mit-masken-einatmen-ausatmen-1.5109048

https://www.visionandaim.com/stress/

https://www.helios-gesundheit.de/magazin/news/02/leisure-sickness/

https://ave-institut.de/mental-load-im-lehrerberuf/

https://lehrer-zeit.de/lehrer-und-pareto/

https://de.wikipedia.org/wiki/Paretoprinzip

https://www.resilienz-akademie.com/innere-antreiber/

https://transaktionsanalyse-online.de/innere-antreiber/#t-1608015761697

https://health-and-soul.com/gesunde-abgrenzung-fuer-ein-harmonisches-und-kraftvolles-miteinander/

https://dein-buntes-leben.de/2021/06/schutz-abgrenzung-uebungen-fuer-hochsensible/

Linkverzeichnis

https://nora-fieling.de/2022/08/18/die-goldene-acht-methode-zur-abgrenzung/

https://www.cornelsen.de/magazin/beitraege/vorurteile-gegen-lehrer

https://www.betzold.de/blog/vorurteile-kontern/

https://www.fluchtundresilienz.schule/wp-content/uploads/2018/10/Weitere-Studien.pdf

https://www.dak.de/dak/bundesthemen/40-prozent-der-grundschullehrer-sind-muede-und-erschoepft-2116126.html#/

https://ministeriumfuerglueck.de/shop/aufkleber-set-eigenlob-stimmt-5-motive/

https://www.instagram.com/p/Ctb_zZGNxpO/?img_index=5

https://www.nationalgeographic.de/wissenschaft/2023/03/gluecksforschung-was-wir-wirklich-brauchen-um-gluecklich-zu-sein-psychologie-skandinavien-deutschland

https://dgvn.de/fileadmin/user_upload/menschenr_durchsetzen/bilder/Themen/Glueck_als_Menschenrecht/ar65309.pdf

https://www.adultdevelopmentstudy.org

https://www.pnas.org/doi/full/10.1073/pnas.1011492107

https://www.adultdevelopmentstudy.org

https://www.emotion.de/psychologie-partnerschaft/persoenlichkeit/wie-dich-die-10-10-10-uebung-selbstbewusster-macht